シンプルな人は、うまくいく。

中谷彰宏

Gakken

最初から
完成した人はいない。
あっちで転び、
こっちでぶつかりながら、
余計なものが削られて
磨かれていく。
中谷彰宏

あきひろ

この本は、
3人のために
書きました。

1
まわりの人に気を使って、疲れる人。

2
決めたあとに、あれでよかったのか、迷う人。

3
ゴテゴテを卒業して、オシャレになりたい人。

Prologue

01

ヒーローは、シンプル。
悪役は、ゴテゴテ。

ヒーロー物には、必ず悪役が出てきます。

どちらがヒーローで、どちらが悪役かは、衣装を見ればわかります。

ヒーローはシンプルで、悪役はゴテゴテです。


世の中には、悪役でもないのに、わざわざゴテゴテを着ている人がいるのです。

宗教でも、神様側はシンプルで、悪霊側はゴテゴテです。

宇宙人も、いい宇宙人はシンプルで、悪い宇宙人はゴテゴテです。

そもそも人間の中に、「シンプルが善」という感覚が遺伝子に組み込まれているのです。

仕事や人間関係、恋愛でうまくいかないのは、複雑にするからです。
複雑にするから、疲れるし、うまくいかないのです。
シンプルな人は、よけいなことはしません。
よけいなモノも、持ちません。
だから、迷わない。
ストレスもありません。
身の回りや心の中のゴテゴテを捨てることで、シンプルになれるのです。

疲れなくなる方法

01 ゴテゴテを、捨てよう。

シンプルな人は、うまくいく。

疲れなくなる63の方法

10 顔より、服にシワがついていることに、気づこう。
11 ロゴなしのTシャツを、着よう。
12 体験を、増やそう。
13 勉強して、パターンをつかもう。
14 世の中の法則を、見つけよう。
15 「実行」と「完了」をしよう。
16 試そう。
17 酔う相手と、会わない。
18 自分の分だけ、考えよう。
19 人間の分だけ、考えよう。
20 「行けない」ではなく、「行かない」と言おう。
21 「正しい」ではなく、「好き」を基準にしよう。
22 嫌いのある自分を、責めない。
23 助けを求める罪悪感を、捨てよう。

37	36	35	34	33	32	31	30	29	28	27	26	25	24

うまくいかない体験を、しよう。

「何もしていない」を、目指そう。

同じことをして、差をつけよう。

2つ以上のことを、同時にしない。

自分の時間の価値を、上げよう。

する日としない日の差を、小さくしよう。

習慣化しよう。

山のない仕事を、しよう。

完璧主義より、丁寧にしよう。

「今度までに」を、「今」決めよう。

完成のゴールより、時間のゴールを優先しよう。

小さな作業を、完結しよう。

同じ時間に、同じことをしよう。

結論を、先に返事しよう。

51	50	49	48	47	46	45	44	43	42	41	40	39	38

38 難問より、基本を練習しよう。

39 1つのことを、続けよう。

40 トッピングより、生地で勝負しよう。

41 「○○したい」を「○○する」にしよう。

42 2択にしよう。

43 ほかのすべてを捨てることができる軸を、持とう。

44 元気が奪われることを、しない。

45 競争から、抜け出そう。

46 プロに任せる罪悪感を、捨てよう。

47 状況に合わせられる主体性を、持とう。

48 接続詞を、使わない。

49 「絶対」「必ず」と、言わない。

50 「本当は」で、弱くなる。

51 「それも」で、弱くなる。

シンプルな人は、うまくいく。 中谷彰宏

63 62 61 60 59 58 57 56 55 54 53 52

「ムダだった」と、言わない。

そぎ落とそう。

切りかえよう。

諦めたことを、忘れよう。

ムッとしたら、寝よう。

クヨクヨを明日に、持ち越さない。

手を、洗おう。

ノリ気でないことを、しない。

原始人の生活に、戻ろう。

頭ではなく、体で動こう。

自分とのデートを、楽しもう。

入っている力を、抜こう。

Contents

シンプルな人は、
うまくいく。

Prologue

Chapter 1

何もない空間を、リスペクトする。

Chapter 2 体験を増やすと、持ち物は減る。

Chapter 3
シンプルな対応策で、人間関係をゴテゴテにしない。

Chapter 4
規則正しいことは、シンプルだ。

Chapter 5
シンプルなほど、個性はきわ立つ。

Chapter 6 迷ったら、元気の出るほうを選ぶ。

Chapter 7 いらない言葉を、そぎ落とす。

Chapter 8
さっとやって、諦めて、忘れよう。

Epilogue

装丁・本文デザイン　轡田昭彦＋坪井朋子
校正　乙部美帆

Chapter
1

何もない空間を、リスペクトする。

02

捨てるのに、理由はいらない。

片づける時に、「捨てる基準が見つからない」と言う人がよくいます。
「仕方がないから捨てる」という発想なのです。
大切なのは、捨てる基準でなく、残す基準を持つことです。
捨てるのに、理由はいりません。
残すには、理由がいります。
ここが、意識の違いです。
残さないのが、基本です。

一期一会は、お坊さんの感覚です。

お寺は、がらんどうのところにありがたみがあります。

天井までモノがびっしり、仏像のスキ間にまでモノが詰まっていたら、ありがたみはなくなります。

仏教芸術は、来る人たちが「ありがたいな」「信じようかな」「救われるな」という気持ちになる空間を造形化したものです。

あれこそが、シンプルであり、美しさであり、アートです。

人を感動させるもの、ほっとさせるもの、癒されるものを具現化しています。

ところが、いったん家に帰ると、ギューギューにモノが詰まっています。

ひどい人は、「まだまだ詰まる。ほら、きれいにおさまったでしょう」と自慢しています。

いつも「神様仏様」と拝んでいるくせに、自分の家が人に来てもらうようなありがたい場所になっていないのです。

疲れなくなる方法 02

捨てる基準ではなく、残す基準を持とう。

03

気にいっていないモノは、散らかる。

家の中が散らかるのには、法則があります。
気にいっているモノは、散らかりません。
気にいっていないモノは、散らかります。
ソファの上に、服が地層のように積み重なっているのです。
中から、三葉虫が出てきそうです。
結局、その程度のモノだと思っているからです。
お位牌が、その中から出てくることはありません。
大切なモノは、積み重ねることなく、きちんと置くようになるのです。

安物買いをしていると、家の中が散らかります。

気にいっていないモノは、家に置かないようにします。

「捨てる」という言葉に罪悪感のある人は、「置かない」と言いかえればいいのです。

いただき物や、高いモノは、なかなか捨てられません。

そういう時は、自分の趣味、嗜好《しこう》、こだわりを優先します。

趣味に合わないモノをとっておくと、家は散らかります。

散らかっても、本人の意識の上では平気です。

無意識のところにストレスがかかって、イライラし始めるのです。

疲れなくなる方法

03

趣味に合わないモノは、置かない。

04

何もない空間を、リスペクトする。

西洋人は、日本の絵画を見ると驚きます。
水墨画も、日本画も、何もない空間があるのです。
西洋の絵画は、何もないところにも黒をべったり塗り込みます。
そうしないと、宿題を途中で出したという状態になるのです。
「何もない空間は、何もないのではない」というのが、日本の美意識です。
何もないところに空間の奥行きがあり、時間の流れがあるのです。
何もない空間を、どれだけリスペクトできるかです。

ゴテゴテの人は、ビュッフェで料理をお皿に山盛りにのせます。

一部分は、手にのっている状態です。

それが、家でも、服でも起こります。

料理の盛りつけをすると、その人がシンプルかゴテゴテかは大体わかります。

どれだけ、ホワイトスペースをとれるかです。

男性の場合は、それが手帳で起こります。

手帳がびっしり埋まっていると、なんとなくほっとするのです。

女性の場合は、ビュッフェで、「唐揚げがもう1個のる」とギューギューのせるのです。

ビュッフェに行くと、よく床に唐揚げが落ちています。

しかも、唐揚げコーナーの近くではありません。

まるで超常現象のように、かなりかけ離れたところに落ちているのです。

シンプルな人は、ホワイトスペースにある時間と空間を味わえるのです。

疲れなくなる方法

04 空間を、埋めつくさない。

05

1度パスした服は、永遠に着る機会はない。

出かける時の服選びで、1回着て「これはいまいちかな」と却下することがあります。

その服が、常にクロゼットのローテーションの中に残っています。

1度パスした服は、永遠に着ません。

仕事やデートで着ようとして「これはダメだな」と思ったら、とっておかないことです。

「残す基準」は、好きな人です。

服なら、好きな人に会う時に、着て行けるかです。

モノなら、好きな人に見られても、自己肯定感が下がらないかです。

着ようとした服が、少し汚れていることもあります。

値段的には、けっこう高い服です。

その時は、「クリーニングにシミ抜きに出そう」と思います。

それを出し忘れて、また着てしまうのです。

シミがついていたら、即、メンテに出します。

クリーニング屋さんに「これは取れないですね」と言われたら、「捨てる」という判断をします。


着ない服を捨てることで、クローゼットの中身は半分以下になるのです。

疲れなくなる方法 05

1度パスした服は、捨てよう。

06

安い服を毎日着がえるより、いい服を毎日着る。

「毎日違う服で会社に行かなければ」と思っている人が多いのです。

これは、大きな錯覚です。

「昨日と同じ服を着て行ったら外泊したと思われる」という思い込みがあるのです。

毎日違う服を着て行こうとすると、たくさんの服が必要になります。

予算は限られているので、1つ1つのクオリティーは下がります。

幸か不幸か、今の時代は服の値段は下がっているので、たくさん買えるのです。

結果、安い服をたくさん抱え込むことになります。

シンプルかどうかは、頭の中の考え方の問題です。

「毎日、違う服を着なければいけない」「昨日と同じ服を着て行ってはいけない」という思い込みから、抜け出すことです。

捨てるのは、服よりも、まず、思い込みです。

レベルの高い同じ服を続けて着て行っても、「外泊した」と言う人はいません。

毎日違う服を着ても、レベルの低い服ばかりでは評価されないのです。

疲れなくなる方法

06

同じ服を着る罪悪感を、捨てよう。

07

捨てることで、服の最低レベルを上げる。

オシャレになるための方法は、手持ちの服の、

①最高のレベルを上げる
②平均のレベルを上げる
③最低のレベルを上げる

という3通りがあります。

一番オシャレになるのは、最低のレベルを上げることです。

間違っている人は、オシャレな服を、もっとオシャレにしようとします。

その人の印象は、その人が持っている一番ダサい服で決まります。

それを着ているところを見られたら、終わりです。

平均は、関係ないのです。

宅配便屋さんが、荷物を届けに来ます。

油断して、家で着ている一番ダサダサの服で玄関に出ます。

これで、宅配便屋さんの印象は決まってしまいます。

ダサダサの服の行動半径は、郵便受け↓ゴミ出し↓コンビニと広がって、とうとう電車に乗ってしまいます。


オシャレになるためには、予算はいりません。

ダサい服を、捨てればいいのです。

捨てれば、着ません。

あるから、着てしまうのです。

捨てることは、オシャレになるための近道でもあるのです。

疲れなくなる方法

07 いまいちの服を、捨てよう。

08

ゴテゴテが、ファッショナブル。シンプルが、スタイリッシュ。

「ファッショナブル」と「スタイリッシュ」とは違います。
ファッショナブルは、何かをのせてオシャレになろうとすることです。
スタイリッシュは、何かを引いてオシャレになろうとすることです。
「ゴテゴテ」と「シンプル」の違いです。
ファッショナブルは、流行のファッションを追います。
スタイリッシュは、流行に左右されません。

ファッショナブルよりも、スタイリッシュを目指すことです。
自分のスタイルに合うものだけを、選びます。

流行を追ってヘボいモノをたくさん持つことより、自分のスタイルに合ういいモノを数少なく持つことが、シンプルでスタイリッシュな生き方なのです。

疲れなくなる方法

08

ファッショナブルより、スタイリッシュになろう。

09

「だらしない」より、「みっともない」、そして、「ちゃんとしてる」。

三角形の底辺が「だらしない」、その上に「みっともない」、頂上が「ちゃんとしている」層です。

「みっともない」は、間違っていることに気づいていても、正解がわからない状態です。

「だらしない」は、間違っていることにすら、気づいていません。

「ちゃんとしている」は、正解がわかっていて、その正解を実行しています。

ここに、「カッコいい」も何もないのです。

ちゃんとしていることが、結果として「カッコいい」のです。

まず、自分の間違いに気づくことです。

自分が今、この場にふさわしくない、ゴテゴテした服を着ていることに気づけるかどうかです。

「そんなゴテゴテしたモノを売ってはダメでしょう」という問題ではありません。

売る人に、責任はありません。

自分自身が、それを選んで、買って着ているのです。

シンプルということは、「ちゃんとしてる」ということです。

何かを追加して、段階を上がっていくのではありません。

何かをそぎ落として、段階を上がっていくのです。

「だらしない」人は、ゴテゴテつけすぎて、さらにレベルダウンしていくのです。

ゴテゴテを減らすことで、「だらしない」から「みっともない」にアップします。

「みっともない」からさらにゴテゴテを削ることで、「ちゃんとしている」になるのです。

疲れなくなる方法

09 つけすぎに、気づこう。

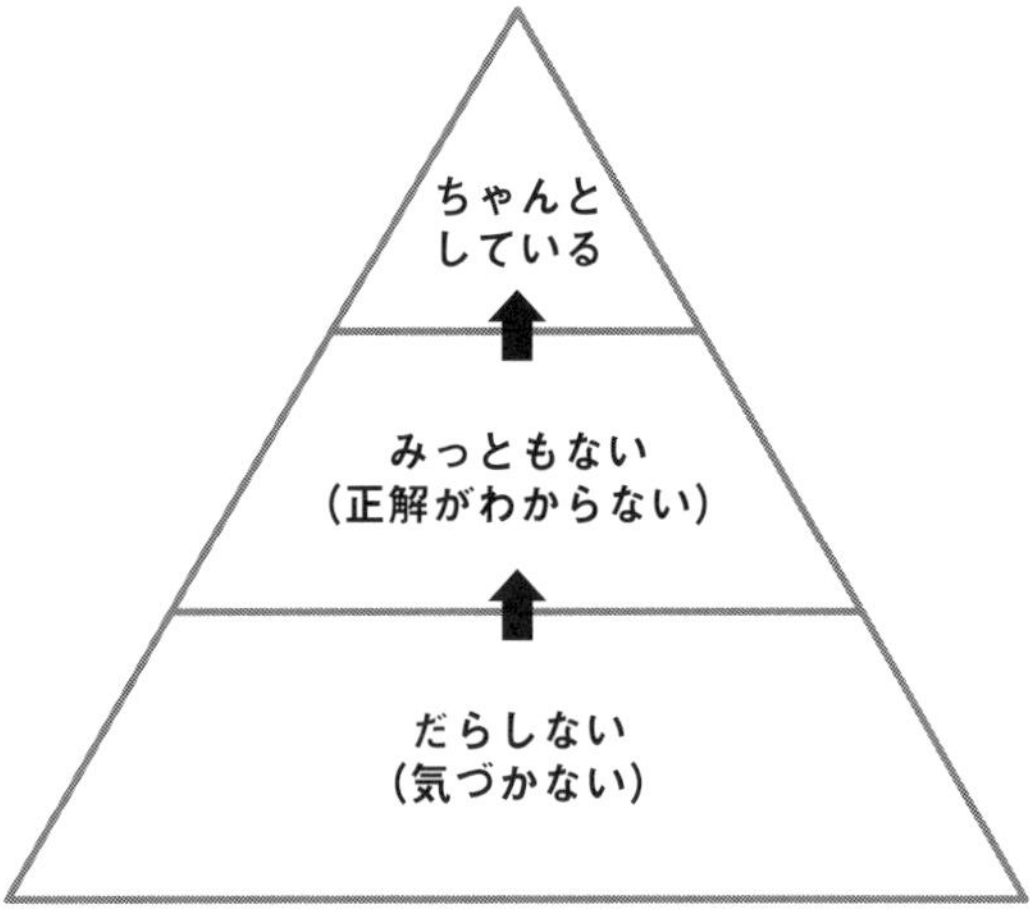

ゴテゴテを削ることで、段階を上がっていく。
「ちゃんとしている」層は、シンプル。

10

アクセサリーをつけるより、服のシワを伸ばす。

アクセサリーをゴテゴテつけている人ほど、洋服にシワとシミがあります。

時には、そのシミを隠すために、スカーフを巻いていたりします。

シミを隠そうとアクセサリーをつけることで、よけいシミがきわ立つのです。

シンプルは、シワ1つ、シミ1つないことです。

これは、両極端に分かれます。

服にシワがついていない人は、アクセサリーをつけていません。

アクセサリーをつけている人は、目がアクセサリーに行って、服のシワとシミのチェックをしていないのです。

そういう人に限って、女性ならファンデーションを濃いめに塗っています。

気にしなければならないのは、顔のシワではなく、服のシワです。

男性でも、同じです。
個人レッスンのファッションチェックで、服のシワを指摘したことがあります。
その人は、「エッ」と驚きました。
指摘されて、初めて気づいたのです。
指摘されても、「そのうちなんとかします」と言う人もいます。
「今度のクリーニングまで、まだ着られる」と思っているのです。
その人は、シワがあっても平気なのです。

シンプルは、清潔感です。

きらびやかさ、豪華さではありません。
アクセサリーを何もつけない状態で、シミ・シワに気づくことが大切なのです。
疲れなくなる方法 10

顔より、服にシワがついていることに、気づこう。

11

ワンポイントのデザインより、無地の白。

オシャレでない人は、ロゴ好きが多いのです。

ポロシャツにも、とりあえずロゴが入っています。

できれば、ロゴは大きいほうがいいと思っています。

せっかく、ブランド物を買ったのです。

そのブランドがはっきりわかるように、バッタ物でないことを明らかにしたいのです。

襟や袖の折り返しに、チェック柄が入っている服も大好きです。

「何かついているよ」と言うと、「ここがオシャレなんじゃないですか」と言うのです。

それは、オシャレではありません。

真っ白なシャツに、真っ白なTシャツが、一番オシャレです。

ゴテゴテの人は、白いごはんだけではもの足りずに、上に何かトッピングします。

本当は、イチゴはイチゴだけの味を味わってほしいのです。

ゴテゴテの人は、イチゴに練乳をかけて、最後は練乳だけチューチュー吸っています。

「イチゴっておいしいよね」と言いますが、その人が覚えている味は、イチゴの味ではなく、練乳の味です。

何もつけないことで、初めてそのモノの味がわかるのです。

味つけが濃くなるのは、老化のサインです。

味覚が衰えて、センサーが雑になってくるのです。

薄味を楽しむことで、微妙な味がわかるようになります。

ゴテゴテの人は、なんでも甘くしたり辛くしたりするのです。

疲れなくなる方法 11

ロゴなしのTシャツを、着よう。

シンプルな人は、無地のTシャツを着ています。

無地のTシャツは、なかなかないのです。
外国人が、「原宿」と書いてあるTシャツを着ています。
それを見て、「ああ、外国人だな」と思います。
要は、オシャレでない人ということです。
ジョルジオ・アルマーニは、黒のTシャツをよく着ています。
「アルマーニ」と書いてある服は、着ていません。
それが、シンプルということなのです。

Chapter
2

体験を増やすと、持ち物は減る。

12

体験を増やすと、持ち物は減る。

持ち物を減らす方法は、体験を増やすことです。

体験が少ない人ほど、家の中のモノが多いのです。

体験が増えると持ち物が増えると思うのは、逆です。


たとえば、海外旅行慣れしている人は、荷物が少ないのです。

「いらないモノ」「持って行っても使わないモノ」「持って行かなくても現地で買えるモノ」がわかっているからです。

海外旅行慣れしていない人は、万が一ドライヤーが壊れた時用にドライヤーをもう1個持って行きます。

「いりますか、それ」と言いたくなります。

それでいいて、ほとんど使わないで帰って来るのです。


何度も行くところでは、お土産《みやげ》は買いません。

修学旅行生が木刀を買うのは、旅慣れていないからです。

カップルで旅行した時に、彼が木刀を買ったり、よくわからないペナントを買ったら、頭の中にクエスチョンマークが浮かびます。


シンプルになるためには、体験数を増やせばいいのです。

体験と持ち物の合計は、常に一定です。

体験量が増えれば、持ち物は減るのです。

疲れなくなる方法

12 体験を、増やそう。

13

勉強することで、複雑に見えることが、シンプルであることがわかる。

人間が苦しむのは、世の中の出来事が複雑に見えるからです。
複雑なことには、「わけがわからない」「自分には絶対ムリ」と思うのです。
シンプルに見えると、いけそうな気がします。
将棋で最初から100手詰と言われると、誰も解こうとしなくなります。
将棋を勉強すると、盤面を見ただけで「これは5手詰だ」と見抜けます。
勉強は、最初はめんどくさいのです。
でも、方程式を習ったら、そこへ放り込めばいいだけです。
これが、シンプルに見えるということです。

疲れなくなる方法

13 勉強して、パターンをつかもう。

世の中は、一見、複雑に見えます。

よくよく見ると、自然界は、あらゆることに法則とパターンがあります。

パターンがわかると、あたふたしなくなります。

少し暑くなったぐらいで、「このまま温暖化で蒸されて死ぬんじゃないか」と心配するのはおかしいのです。

暑いのは、夏だからです。

少し寒くなったら、「氷河期が来た」と言うのもおかしいです。

氷河期は、10万年サイクルです。

これは、勉強すればわかります。

子どもの図鑑にも、載っています。

大騒ぎする必要は、まったくありません。

これが、勉強することの意味なのです。

14

パターンが見えてくると、シンプルに対応できる。

「私は運が悪い」と言っている人は、パターンが見えていないのです。

中谷塾の灯香《ともか》ちゃんは、いつも怒っています。

「私は本当に運が悪いんです。クリーニング屋さんに持って行くと、いっつも休み」と言うのです。

通常、クリーニング屋さんがランダムに休むということはありえません。

そんなことをすると、お客様がいなくなります。

単に、定休日というだけの話です。

灯香ちゃんは「3回持って行ったのに、3回とも休みですよ。つぶれますよ、あのクリーニング店」と言っていました。

ショックは、わかります。

大量の洗濯物をクリーニング屋さんに出したあと、そのまま会社に行こうと思っていたのです。

クリーニング屋さんが休みだと、そのまま持って会社に行かなければならなくなります。

お休みなら、普通は「ひょっとして定休日？」と考えます。

シャッターを見ると、「木曜定休」と書いてあります。

「ああ、やってしまった」と思います。

これで、終わりです。

次回からは、間違いません。

灯香ちゃんは、毎回木曜日に持って行っていました。

それを、「私は運が悪い」と言っていたのです。

勉強していなかっただけです。

定休日を見るだけなので、勉強というほどでもないのです。

世の中のパターンをつかむことが、大切です。

たとえば、おいしいお店に彼女を連れて行こうとしたのに、そのお店が休みということがあります。

そこで、プランBの3軒先のお店に行きます。

僕の本にも、「プランBを出せ」と書いてあります。

ところが、そこも休みです。

「なんでもいいいんじゃない」と、彼女から慰められます。

諦めきれずに、もう少し離れたところにあるお店に行きます。

そこも、また休みです。

ここで、「彼女とはもうつき合わないほうがいい」という神様のお告げではないかと考えるのです。

それは、違います。

その商店街が、休みというだけです。

麻布十番商店街は、火曜日が休みのお店が多いのです。

「ひょっとして商店街が休み？」と気づくことが勉強です。

難しいことではありませんが、本人はパニックになります。

ある人が、「日曜休みのお店で日曜日をはずして行ったのに、休みだったんですよ。こんな勝手に休んではダメでしょう」と言っていました。

僕が「月曜日だったんじゃないですか」と聞くと、「なんでわかるんですか」と言われました。

日曜定休、第3月曜休みの店だったのです。

お店の人も、月に1度、連休をとることがあります。

これが、パターンをつかむということです。

世の中のパターンが見えてくると、シンプルに対応できるのです。

疲れなくなる方法 14

世の中の法則を、見つけよう。

15

実行より、完了をする人が少ない。

仕事をするに当たって、「とにかく始めてみよう」というのはいいことです。

思いきって始めてみても、なかなかうまくいきません。

それは、実行はしても、完了していないからです。


僕のところに、「本を書きたい」と言う人が来ます。

「原稿は書けてるの?」と聞くと、「8割書けています」と言います。

8割で見てもらおうとするのは、ズルいのです。

そこでアドバイスすると、「それはあとの2割で出てくるんですよ」と言い逃れできるからです。

それならそれを書けばいいのに、永遠に書かないのです。
僕はシナリオを書くことで、ものを書く勉強をしました。
直接会ったことはないのですが、僕の中では黒澤明に習っています。
脚本では、一番最後に「了」と書きます。
大切なのは、エンドマークまできっちり書くことです。
そこまで書いてあって、初めてアドバイスができるのです。
途中のものには、アドバイスできません。
どんなに小さい仕事でも、完了させることが大切です。

「本の編集者を紹介してください」と言う人が多いのです。
僕は、まわさないように踏ん張っています。
意地悪ではありません。
原稿がないからです。
企画書では、判断のしようがありません。
原稿を書かないのは、「原稿を書いてムダになってはもったいない」と考えているからです。

シンプルを目指さない人は、効率を考えます。

効率を考えると、シンプルにならないのです。

大切なのは、企画書よりも試作品、企画書よりも原稿です。

完了させれば、前に進みます。

きわめて、シンプルです。

書いてしまえばいいのです。

原稿を最後まで書いて、それに対してコメントをもらうならわかります。

企画書の書き方を教わって、企画書がどんなにうまくなっても、原稿がなければ通らないのです。

シンプルな人は、あらゆることを完了させていきます。

ゴテゴテの人は、やりかけのものがたくさんあるのです。

疲れなくなる方法 15

「実行」と「完了」をしよう。

16

試すことで、捨てることができる。

「したいことがたくさんある」と言う人は、何もしていない人です。

試さないで「したい」と思うことと、実際に試して「し続けたい」と思うこととは、まったく違います。

「ピアノを習いたかった」「バレエを習いたかった」「バイオリンを習いたかった」と言っている人は、実際に習って、それを10年20年続けるよりも、三日坊主でやめてしまう確率のほうが圧倒的に高いのです。

試してみて、「こんなものか」ということに早く気づくことです。

これが、シンプルな生き方です。

そうすれば、捨てられます。

「○○さえあれば、うまくいくような気がする」と思っている人は、永遠に捨てられません。

試していないことは、心の中に未練として残ります。


独身の人は、「結婚したら幸せになる」と思っています。

そういう人は、1回結婚して、早く別れてみるといいのです。

そうすれば、結婚にヘンな願望はなくなります。

結婚しても、何事も変わらないことに気づくのです。

「いい会社に入ったら幸せになれる」と思って頑張っている人は、まず、いい会社に入ってみます。

やっぱり、何も変わらないことに気づきます。

持ち物や所属によって、人生が変わることはないのです。

どんなことも、試してみないとわかりません。

疲れなくなる方法 16 試そう。

「会社を辞めたい」と言っている人は、実際に辞めてみることです。

そうすれば、会社のありがたみがわかります。

それがわかったら、また再就職すればいいのです。

再就職では、条件は下がります。

ただし、迷いがなくなります。

プラマイで考えると、迷いがないことのほうが圧倒的にストレスが減って、生き生きと仕事ができます。

1度も会社を辞めたことのない人は、辞めて再就職した人より給料は高いのです。

そのかわり、たくさんもらっている給料のほとんどをストレス除去に使うことになります。

結果として、残る金額はマイナスになるのです。

Chapter
3

シンプルな対応策で、人間関係をゴテゴテにしない。

17

酔っぱらいに、時間を奪われない。相手が酔ったら、帰る。

「シンプルである」とは、「ルールがある」ということです。

自分の中で、人間関係のポリシーを決めておくと、シンプルに対応できます。消耗することもありません。

人間関係で大変なのは、行きたくないつき合いにつき合わなければならないことです。

これは、精神的にも疲れるし、時間も奪われます。

この解決策は、**酔っぱらいに時間を奪われないことです。**

時間を奪う犯人は、酔っぱらいだからです。

僕は、相手が酔っぱらった時点で、帰ります。

そこから先に、何か面白い話が聞けたり、仕事が進展することは何もありません。

何もないということを、僕はいくつもの苦しい思いを経て、体験的に学びました。

「少し酔ったほうが面白い話が出るかな」という仮説は、ゼロであることが証明されているのです。

酔っぱらった人の話は、面白くないのです。

次回からは、その人と会いません。

その人は、酔うからです。

「相手が酔ったら、帰る」というのが、明快、シンプルな対応です。

よく、「酔った雰囲気が好き」と言う人がいます。

僕は、酔った雰囲気は嫌いです。

酔っている側は、話の密度が落ちたり、話を繰り返し始めていることに気づいていません。
酔っぱらいは、2つのことが聞こえなくなります。

① 自分の会話

だから、声が大きくなるのです。
耳が麻痺するからです。

② 相手の声

耳が麻痺すると、相手の声も聞こえなくなるので、会話がかみ合わなくなります。
これによって、会話のリズム感が悪くなります。
酔った時点で帰っても、相手は何も覚えていないので大丈夫です。
自分のポリシーとして、「相手が酔ったら、帰る」と決めておけばいいのです。

疲れなくなる方法

17 酔う相手と、会わない。

18

相手の分まで、考えなくていい。

考えなくてもいいことは、考えないことです。

たとえば、打ち合わせに行って、相手が酔っぱらいました。

その時点で帰った自分のことを、相手が怒りました。

それは、相手自身の問題です。

相手の器が小さいから、怒ったのです。

相手のお酒に対してのだらしなさが、原因です。

自分は、何も変える必要はありません。

「相手が酔っぱらったので帰ったら、怒っているんですけど」と相談に来る人がいます。

その問題は、相手に解決させればいいのです。

相手に解決させなければいけない問題を、自分が抱える必要はまったくありません。

それよりは、**自分の解決すべき問題に集中します**。

「次からこの人と会うのはやめよう」リストに、相手を入れておくというのが自分の解決策です。

自分の解決策を考えると、それに対して結果が出るのでストレスはないのです。

ここで、「相手を変えよう」「まわりの人を変えよう」と思っても、変わってはくれません。

他人を変えようとするのが、一番ストレスになります。

そんなことは、しなくていいのです。

相手を変えたいと思うなら、自分が相手とのかかわり方を変えることです。

「酔う人とはもう行かない」と決めればいいのです。

サラリーマンの接待では、「相手がお酒好きだから仕方なく自分も飲む」ということはよくあります。

そういう時は、「この形以外の接待は何かないかな」と考えればいいのです。

接待の仕方は、お酒の席の1通りだけではありません。

飲みの接待は、最も何も考えていない接待です。

ノーアイデアの時に、イージーに流れるパターンです。

別の接待の仕方は、たくさんあります。

究極は、「相手は接待を求めているか」という問題になります。

相手が、自分を接待しているつもりでいる可能性もあります。

「しようがないからつき合ってやってるけどさ」ということがほとんどなのです。

疲れなくなる方法 18

自分の分だけ、考えよう。

19

神様の分まで、考えなくていい。

人間関係がうまくいかないのは、複雑にするからです。
たとえば、女子高生の悩み相談はなかなか大変です。
登場人物が、10人ぐらいいます。
ほとんどが、関係ない人なのです。
「結局、何を変えればいいと思う?」という質問の答えは、「自分」です。
自分の変えられることは変えて、変えられないことはいじらなくていいのです。
常に、自分のことに集中します。
たとえば、本の企画を出す時に「どれぐらい売れますかね」と言う人がいます。
そんなことを考えても、仕方がありません。

「売れなかったらどうしよう」と心配なら、売れなかった時の作戦を考えればいいのです。

売れなくても大きな傷にならないようにしたり、売れる方法を考えるのです。

「どれぐらい売れますか」というのは、神様が決めることです。


「明日晴れますか」と聞く人もいます。

これほど科学が進歩しているのに、まだ天気予報ははずれます。

それなら、雨でも晴れでも大丈夫な作戦を、自分が立てればいいのです。

そうすれば、ストレスがありません。

相手の分は考えない、神様の分は考えないというだけで、考えることが3分の1ですみます。

自分のエネルギーを、そこへ集中できるのです。

疲れなくなる方法

19 人間の分だけ、考えよう。

20

断る時に、理由をつけない。

たとえば、男性から「飲みに行こうよ」と誘われました。

この時に、ゴテゴテの女性は「行けない理由が3つありまして」と言います。

1個どころではなく、3つの理由を挙げて、「だから行けない」と言うのです。

理由を重ねれば重ねるほど、理由の数が増えれば増えるほど、相手からは怪しまれたり、嫌われるという事態が起こります。

断る時は、理由をつけないことです。

「行けない」ではなく、「行かない」と言い切ります。

これなら、相手がヘンな期待を持ちません。

一番よくないのは、相手に期待を与えることです。

人間は、期待したことが裏切られた時に怒ります。

最初から期待していなければ、怒りません。

期待させておいて結局行かないとなると、「それなら最初から行きたくないと言ってほしかった」と逆恨みされます。

「行けない」ではなく、「行かない」と言うのが、シンプルな断り方です。

これが、最も相手に傷がつかないのです。


たとえば、「ご祝儀に100万円あげる」と言われて受け取りました。

その後、「やっぱり返して」と言われました。

そう言われると、もらったお金であるにもかかわらず、とられた感があります。

これが、期待させるということです。

プラマイ・ゼロなのに、「え、なんで?」と、とられた感が満載になるのです。

疲れなくなる方法 20

「行けない」ではなく、「行かない」と言おう。

21

企画がボツの時は、「なぜダメか」ではなく、「嫌いなんだな」と考える。

出した企画がボツになると、ストレスがたまります。

自分としては、この企画がいい理由をさんざん挙げています。それなのに上司がそれを通さないと、「この企画はなぜダメなんですか」とイラッとします。

企画がボツの時は、「こういうのは嫌いなんだな」とシンプルな考え方をすればいいのです。

「嫌い」に、「なぜ」はありません。

これは、僕が博報堂でプレゼンしている時に学んだことです。

博報堂はプレゼンをする時、まじめに正しさで押します。

電通は、違います。

クライアントの担当者の好き嫌いを読んでいます。

せっかく博報堂のマーケティング担当が一生懸命マーケティングして、それに対してクリエイティブ担当が考えてプレゼンしているのに、電通は「タレントはこれでいきます。裏とれています」とボンと押します。

クライアントの宣伝部長が好きなタレントを出す電通に、博報堂は負けるのです。

ボツになった時は、「これは嫌いなんだな」と考えることです。

好き嫌いということに対しては、人間は腹が立ちません。

ところが、正しい・間違っているに関しては、「自分は正しい」と思っているので、釈然としない気持ちが残ります。

「正しい・間違っている」ではなく、「好き・嫌い」を基準にすればいいのです。

なんとか正しさで押そうとするのは、間違いです。

すべての人間が、好き嫌いを持っています。

それは、悪いことではありません。

自分の要望が通らなかった時は、「こういうふうにするのは嫌いなんだな」と考えればいいのです。

疲れなくなる方法 21

「正しい」ではなく、「好き」を基準にしよう。

22

好き嫌いが、あっていい。

すべてのことを好き嫌いを基準に決めると、ラクになれます。

たとえば、ランチのサンマ定食と生姜《しょうが》焼き定食で、それほど悩む人はいません。

仕事になると、好き嫌いの感情を出してはいけないと思ってしまうのです。

「これで万が一、売上げが上がらなかったらどうするか」と、どちらが売れるかを考えるよりは、好きなほうを選んで売れるようにすることです。

ゴテゴテの人は、嫌いのある自分を責めます。

ランチの定食を選ぶ時には、「ここで生姜焼きを選ぶとサンマに悪い」とは考えません。

それなのに、いざ仕事になると、「サンマを選ばなかった自分は、何かいけない人間なんじゃないか」と考えて、「どちらか残っているほう」と言います。

人間だから、嫌いはあっていいのです。

その分、好きなほうにエネルギーを注ぎます。


自分を責めるというのが、一番その人がシンプルに生きられないやり方なのです。


自分を責めると、罪悪感が生まれます。

罪悪感は、優等生でないといけないという思い込みから生まれます。

そうすると、「したい」と「しなければならない」がぶつかり合います。

さらにそこに、「してはいけない」も入り込んできます。

自分の頭の中で、仲間割れが起こるのです。

部屋が散らかっていると、「だらしない人間なんじゃないか」と自分を責めます。

部屋が片づいていると、「ちゃんとしている人間じゃないか」と思えるようになります。

一番つらいのは、他人に責められることより、自分で自分を責めることです。**嫌いのある自分を、責めないことです。**


頭の中が100％主義の人は、シンプルにはなれません。

すべてのものに、メリット・デメリットがあります。

すべての人に、長所・短所があります。

自分の中にも、相手の中にも長所・短所があります。

「あの人も嫌いなものがあるかわりに、私も嫌いなものがある」という認識を持つことです。

「私のこの企画をあなたはボツにしたけど、私はあなたが嫌いだから、これでチャラ。そういうあなたが嫌い」

「お互いさま」

これで、バランスがとれるのです。

「あなたに嫌いなものがあるように、私にも嫌いなものがある」と、お互いにそれを許し合うことです。

「そんな好き嫌いで決めて、ひどい」と思う人は、自分の嫌いを責めます。
相手の好き嫌いを受け入れられれば、自分の好き嫌いも受け入れられるのです。

疲れなくなる方法 22

嫌いのある自分を、責めない。

23

1人でしようとしないで、助けを求める。

ゴテゴテの人は、助けを求められません。

助けを求めることに、一番の罪悪感を持っています。

「あいつはダメな人間だ」「1人でできない自分は上司から見捨てられる。切り捨てられる」という恐怖感で、助けを求められないのです。

実は、逆なのです。

助けを求めたほうが、上司にいい手柄を与えることができます。

秀吉のうまさは、信長からの助けをいいところで求めることです。

本当は、全部自分でできるのです。

光秀は、全部自分1人でしました。

まわりの人にとっては、それがカチンと来るのです。

仕事ができる・できないということではなく、助けを求めていいのです。

仕事は団体戦なので、個人戦で何かしようとしないことです。

団体戦では、1人でなんとかしようとしないで、助けを求めるほうが、シンプルです。

仕事ができる人ほど、光秀型にゴテゴテになっていくのです。

仕事がそれほどできないけれども出世する人やチャンスをつかむ人は、助けの求め方がうまいです。


助けを求めることに、罪悪感を持つ必要はありません。

求められた側は、うれしいからです。

特に目上の人は、どう助けを求めてもらうかということを考えています。

「何かできることないかな」といつも思っています。

目上の人が何をしてあげればいいかわからない時に、「これちょっと、お手をわずらわせるんですけども、出番になってもらえませんか」と言われると、うれしく感じます。
それによって、目上の人の引き立てが起こるのです。

疲れなくなる方法 23

助けを求める罪悪感を、捨てよう。

24

詳細よりも、OK・NGの返事をすぐする。

「今度のお食事会に行きますか」と聞かれたとします。

相手が一番求めているのは、「出席」か「欠席」かという返事です。

嫌われるのは、行きたくない気持ち満載なのに「ちょっと調整してみます」と返事が遅い人です。

こうしたほうが相手には感じいいかなという思い込みは、事態を複雑にします。

シンプルな対応は、詳細よりも、「OK」か「NG」かの返事をすぐすることです。

「ほかの日だったらよかったんですけど、その日だけちょっと予定が入っていたんですよ」と返事をすると、「すみません、日にちが間違っていました」と連絡が来ます。

こうなると、次の行けない理由が見つからなくなります。

結論を、先に返事することです。

最初から「行かない」と返事をしていれば、こういう状況にはなりません。

たいていの人が、スケジュールで断ります。

そうすると、次回また誘われます。

断る理由をそのつど考えるので、手間数が増えます。

これが、ゴテゴテの人がみずから複雑化するところへハマる原因なのです。

疲れなくなる方法 24

結論を、先に返事しよう。

Chapter 4

規則正しいことは、シンプルだ。

25

生活に、規則的なリズムを持つ。

シンプルな人は、毎週同じ曜日、同じ時間に同じことをしています。

たとえば、朝起きる時間、寝る時間、お風呂に入る時間、朝食・昼食・夕食の時間が一定です。

その結果、健康になります。

不健康な人は、不規則です。

食事の時間が、バラバラです。

仕事が遅くなって晩ごはんを夜中の0時に食べたり、お客様の接待に行って小腹がすいたので夜中の0時にラーメンを食べたりします。

朝ごはんは、その流れで食欲がないので食べません。

その繰り返しで、生活リズムが崩れるのです。

結局、健康管理は時間管理なのです。


シンプルな人は、習いごとをしても続きます。

「何曜日の何時」と、予約を規則的に入れるからです。

そのつど、「この日は何か入ってるんだよね。いったん帰って先生に連絡します」とランダムに予約を入れていると、続きません。

なおかつ、そこに予定が入ると「すみません、ちょっと振りかえてもらえますか」と、レッスン日をどんどん変えます。

「毎週何曜日の何時から」と予約を入れれば、その時間に必ず行けるように自分の仕事の仕方を効率化できます。

レッスン日を振りかえたり、ドタキャンは起こりません。

これは、仕事でも習いごとでも健康管理でも、すべてのことに言えます。


東大に受かる人は、受験勉強でどんなに調子がのっても、決まった時間にスパッと寝ます。

東大に受からない人は、「今日は調子がのっているから」と勢いで徹夜します。徹夜のせいで、その後1週間がメタメタになるのです。

マラソンランナーのトップアスリートは、同じペースで走ります。ところが、シロウトランナーは下り坂で思いきり飛ばして、上り坂はムチャクチャ遅くなります。

上りも下りもあるのに、トップアスリートは1秒と変わらないペースで走ります。

これが、トップアスリートのすごいところです。

最初の5キロと最後の5キロでは、疲労度が違うのに同じペースなのです。

僕は、本を書く仕事をしています。

職業作家を見ると、ほぼみんな公務員のように同じ時間に書いて、同じ時間に終わります。

村上春樹さんは、公務員のような生活の極致です。

午前中に書いて、午後は走ります。

弘兼憲史さんにしても、「仕事場へ行ってきます」と言って、ほぼサラリーマンのように書いています。

それが、ずっと書ける秘訣《ひけつ》です。

作家は、徹夜して書いているイメージがあります。

「朝型ですか、夜型ですか」という議論は間違っています。

不規則な生活リズムでは、職業作家はムリなのです。

東大に受かる人も、トップアスリートも、職業作家も、同じ時間に、同じことをしています。


同じ時間に、同じことを続けられるシンプルな人が、成功するのです。

疲れなくなる方法

25 同じ時間に、同じことをしよう。

26

3分の行動を、完結する。

「仕事が片づかない」と言う人は、3分の仕事が完結できません。
まずは、3分の仕事を完結させることです。

実際、仕事は3分の仕事のかたまりなのです。
それなのに、たくさんあるように感じます。
1つ1つは、3分ですむことだらけです。
シンプルな人は、1つ1つ確実に片づけていきます。
ゴテゴテな人は、やりかけのことだらけです。
3分の仕事を完結させないで中途はんぱな状態のものがたくさんあると、それだけで山のように仕事があると感じてしまいます。

まず、小さい作業を完結することから始めればいいのです。

たとえば、吉岡一門と宮本武蔵の戦いのように、1人で何十人の相手と戦う時は、1人ずつ確実に斬っていく必要があります。

これで、少しずつ相手を減らしていけるのです。

斬りかけで、やめないことです。

そうしないと、次から次へと相手が入れかわるだけで、いつまでたっても終わらないのです。

疲れなくなる方法 26

小さな作業を、完結しよう。

27

ゴールには、完成のゴールと時間のゴールの2つがある。

「ゴールを目指して頑張っています」と言う人がいます。
ゴールには、

①　完成のゴール
②　時間のゴール

の2通りがあります。
この2つは、違うものです。
①は、自分ができたと思うクオリティーのゴールです。
②は、「いつまでに上げてください」と言われるゴールです。
この時に必ずもめるのは、時間のゴールの時点では完成のゴールに来ていない

ということです。

逆はありません。


時間のゴールが来た時に、作家に「まだ納得いったものができていないから」と言われると、編集者は困ります。

その先には、印刷所も待っているわけです。

常に、完成のゴールよりも時間のゴールを優先するのが、シンプルなルールです。


「シンプルである」ということは、「ルールがある」ということです。

1人で仕事をする場合は、自分1人のルールですればいいのです。

団体戦の仕事をする場合は、ルールがなければみんなで共同のチームワークを生み出すことはできません。

チームワークで仕事をしていこうと思うなら、自分の完成のゴールより時間のゴールを優先することです。

時間のゴールが来た時にクオリティーが低いのは、その時間内における自分の限界です。

時間のゴールが来てから、「生産性が上がらない」と言うのはおかしいです。

作家なら、「書くスピードをふだんから練習して上げておきなさいよ」という話です。

自分の生産性を上げることを、ふだんからしておけばいいのです。

疲れなくなる方法

27

完成のゴールより、時間のゴールを優先しよう。

28

時間内に出すのが、結論だ。

決断力も、シンプルなルールがあるかどうかで決まります。

「限られた時間内で結論を出す」「この会議の間に結論を出す」と決めておくことがシンプルなルールです。

「決められたら決める」「決められなかったら今度までに考えよう」とはしないことです。

「今度」をありにするか、なしにするかで大きな違いがあります。

選択肢は、「今日中に決めなかったらなしにする」「今日中に決めなかったらありにする」「今日中に決める」のどれかです。

「今の会議の間に決める」というルールにしておけばいいのです。

「今度までに」ではなく、「今」決めるのです。

「結論」の定義は、「時間内に答えを出すこと」です。

「時間内に出せる答えが結論」です。

今決められないことは、この先どんどん複雑化します。

時間をかければかけるほど、条件は増えます。

口出しする人が、増えるからです。

時間をかければ、条件が減るということはないのです。

疲れなくなる方法

28

「今度までに」を、「今」決めよう。

29

完璧主義は、自分のため。丁寧は、相手のため。

完璧主義は、ゴテゴテです。

丁寧は、シンプルです。

「完璧」と「丁寧」は、一見似ている言葉に感じます。

完璧主義でいくと、ゴテゴテします。

たとえば、自分がいいなと思っている人から、「今から出てこない？」と連絡がありました。

完璧主義にハマると、メイクに2時間かかります。

うかうかすると、「美容院に寄ってブローしてから行こう」ということになります。

それでは、チャンスを逃します。

丁寧とは「30分以内だろうな」と想定して、30分以内にできる最低限の準備をして行くことです。

「おなかすいた。何かない？」と言われた時に、10分で出せるモノを出すのが、おなかがすいた人に対しての丁寧さです。

その時に、いいところを見せようと頑張って、自慢料理のシチューをつくる人は、完璧主義です。

それから買い物に行ったり、ハンバーグをペッタンペッタンするのでは、料理ができるまでに時間がかかります。

完璧主義は自分のため、丁寧は相手のためです。

すぐ出せるモノをつくるのが、相手のための丁寧さを優先することなのです。

「シンプルである」ということは、「優先順位が明確である」ということです。

しかも、優先するのは自分ではなく、相手側です。

「相手は今何をしてもらったら一番いいか」を考えます。

「おなかがすいている」「今から会いたい」と言われた時に、何を優先するかです。**優先順位がきっちり明確に見えている時、人間は迷いがありません。**

優先順位がなくて同点になると、ひたすら延長戦になり、シーソーゲームが起こります。

子どものじゃんけんと同じで、「3回勝負だ」「5回勝負だ」となります。

シンプルな人は、一発勝負なのです。

疲れなくなる方法

29 完璧主義より、丁寧にしよう。

30

締切の前倒しをすることで、忙しさが平準化する。

僕は、できるだけ締切を前倒しして、原稿を編集者に渡すようにしています。それは、1つには、相手の作業時間に余裕を生み出すためです。もう1つは、自分のためです。

締切の前倒しをすることで、自分の仕事が平準化するのです。

仕事をしていると、忙しい時とヒマな時とのでこぼこがあります。でこぼこをならすのが、トヨタ式です。

忙しい時は忙しいのに、ヒマな時はひたすらヒマという工場は、遅いのです。トヨタが早いのは、毎日の仕事量がひたすらなだらかになるように、でこぼこがないようにしているからです。

でこぼこをならす方法は、簡単です。

少しでも早く、できる間にしておくのです。

締切は、必ず重なります。

これは、マーフィーの法則です。

締切が重なると、どれかが遅れます。

締切が重ならないように早め早めにしておくと、結果として、その人が日々する仕事は平準化して、でこぼこの山がなだらかになります。

お店の掃除は、お客様がたくさんいて忙しい時ではなく、お客様が来る前のヒマな時にすればいいのです。

ヒマな時にしておくことは、いくらでもあります。

仕事を前倒しにすることは、相手のためだけでなく自分のためにもなるのです。

疲れなくなる方法 30

山のない仕事を、しよう。

31

習慣化で、手間とストレスが省ける。

シンプルな人は、コツではなく習慣で勝負します。

ゴテゴテな人は、「どうしたらそんなにたくさんアイデアが出るんですか」「どうしたらそんなに早く書けるんですか」とコツを聞こうとします。

シンプルな人は、「お金持ちになるにはどういう習慣を持てばいいですか」と習慣を聞きます。

一発逆転ではなく、日々の蓄積に目を向けます。

東大に受かった人に、「参考書はなんですか」「予備校はどの授業を受ければいいですか」と聞く人は、コツを知りたいのです。

東大に受かった人が「特に何もしていない」と答えると、「また、ウソついて。隠して」と言う人がいます。

隠しているのではありません。

習慣化していることは、「特に何もしていない」になるのです。

スペシャルなことが、「特にしたこと」です。

聞き方のヘタな人は、「何か特別なことをしているんですか」とスペシャルを聞きます。

ダイエットでも、同じです。

スタイルのいい人に、「ダイエットするのに、これを食べればいいというモノはなんですか」とスペシャルなことを聞きます。

スタイルのいい人が「特別なモノは食べていない」と答えると、「またそんな、自分は痩せていると思って」と言います。

実際、スタイルのいい人は、習慣が違うのです。

スタイル維持のために、日々することを習慣化しています。

習いごとが続くのは、習いごとを習慣化しているからです。

習慣化すると、手間とストレスがなくなります。

毎日、絵を描いている人は、絵筆が固まりません。

描いたり描かなかったりする人は、絵筆が固まります。

絵を描く時は、筆をほぐしたり、道具を探したりするところから始まるのです。

「この時間になると仕事をする」「この時間になると勉強する」「この時間になると習いごとをする」という習慣がある人は、いつも体の準備ができています。

僕は、いつも同じ曜日に習いごとをしています。

たまたまボイストレーニングの曜日が先生のご都合でお休みの時は、その時間に1人で歌っています。

ダンスの時間なら、体が動いています。


年に1回行くスキーでうまくならないのは、スキーの体になっていないからです。

帰ってくるころに、やっとスキーに慣れてきます。

思い出したところから、練習が始まります。
年に1回では、思い出すまでで終わってしまいます。
それをいくら繰り返しても、スキーはうまくならないのです。

疲れなくなる方法

31

習慣化しよう。

32

規則正しいことが、自己肯定感を上げる。

規則正しいことは、シンプルです。

たとえば、「どうしたら、僕も作家になれますか」と聞く人がいます。

答えは、「毎日一定量を書くこと」です。

それができない人は、「天才かなと思うぐらいすごく書ける日があるんですけど、書けない日はまったく書けないんですよ」と言います。

日記が続く人は、毎日、一定量書いています。

たとえ3行でも、毎日書きます。

ところが、日記の続かない人は、興奮した日はむちゃくちゃ書きますが、そこからパッタリ書かない状態が続きます。

運動の習慣がない人は、ある日突然ハードなことをしたかと思うと、次の日からは何もしません。

規則正しさがないのです。

する日としない日の差を小さくすると、規則正しい生活になります。

結果として、自分はコツコツ毎日しているなと気づきます。

「大変な思いはしてないけど、なんかすごくない？」と自己肯定感が上がります。

東大に受からない人は、勉強する時は徹夜で3日間ぐらい死ぬほどしますが、まったく勉強しない日もあります。

これでは、トータルの勉強量が減ります。

規則正しくないことによる一番大きなマイナスは、自己肯定感が下がることなのです。

疲れなくなる方法 32

する日としない日の差を、小さくしよう。

33

お金の価値は、誰も同じ。違うのは、時間の価値だ。

「1人1人のお金の価値は違う」という思い込みは、間違っています。

お金の価値は、誰も同じです。

お金持ちも、お金は大切です。

お金持ちとそうでない人とで違うのは、時間の価値です。

お金持ちは、時間の価値が高いのです。

お金をたくさん持っているのが、お金持ちなのではありません。

時間の価値が高いのが、お金持ちなのです。

お金持ちが住むマンションを選ぶ時の基準は、会社からの近さです。

駅から何分か、ターミナルから何分かというのは関係ありません。

ドア・トゥー・ドアで、会社からどれだけ近いかです。

これが、時間の価値の高い人です。

それによって、**自分の時間の価値を上げるのです。**


自分の時間の価値を上げることをするのが、お金持ちです。

本当のお金持ちは、シンプルです。

あらゆることに、迷いがありません。

買い物でも、商品を買うかどうか判断する時は、「この商品を買うことによって時間が節約できるか」という基準で決めます。

タクシーで帰ろうか、電車で帰ろうか判断する時は、「時間を奪われないのはどちらか」という基準で決めます。

この時に、お金持ちでない人は、判断基準が1つではありません。

「欲しい」でも「値段が高い」でも「欲しい」と、行ったり来たりします。

お金持ちは、タクシーより電車のほうが早ければ電車に乗ります。

電車かタクシーかではなく、「どちらが時間を生み出すか」という基準で判断するのです。

電話をするなら、タクシーを選びます。

本を読むなら、電車を選びます。

今自分がしたいことができる時間を、生み出すほうを選ぶのです。


時間に価値が生まれると、時間を生み出すものは、元気を生み出します。

「これをすることで時間が生まれるかどうか」は、「これをすることで元気が出るかどうか」と同じことです。

すべての行動の軸は、「これをすることで元気が出るかどうか」です。

元気が出なくなると、時間効率がさらに悪くなります。

元気の回復のために、時間を奪われます。

1時間当たりの仕事量も、減ります。

生き生きしていると、時間の生産性が上がります。

「元気」の定義は、「1時間当たりの生産性が高いこと」です。

元気があると、疲れません。
疲れないから、さらに生産性が上がり、生産性が上がることで、さらにお金持ちになっていくのです。

疲れなくなる方法

33

自分の時間の価値を、上げよう。

Chapter 5

シンプルなほど、個性はきわ立つ。

34

生き残るパイロットは、1度に1つのことしかしない。

戦闘機で生き残るパイロットは、ひと言、「1度に1つのことしかしないパイロット」です。

飛行機には、計器類がたくさんついています。皿まわしのようにそれを2つも3つも同時に操作し始めたら、命はなくなります。

なんとなく2つ3つ同時にできる人間のほうが、優秀で、効率がよくて、すぐれた才能があるように感じます。

本当にすぐれた才能は、1度に1つのことを集中してできることなのです。

「集中できないんですけど、どうしたらいいですか」と聞く人がいます。
集中できないのは、2つ以上のことを同時に考えているのです。
集中とは、1度に1つのことを考えることです。
シンプルだから、集中できるのです。

疲れなくなる方法

34

2つ以上のことを、同時にしない。

35

個性は、違うことをするより、同じことをするほうがきわ立つ。

個性を出そうとして、ゴテゴテになっている人がいます。

個性は、のせたところではなく、抜いたところに出ます。

僕は、ミス・インターナショナルの審査員をしています。

審査には、水着審査があります。

全員が、同じ水着です。

そのほうが、水着の着方の個人差が出ます。

脚を少しでも長く見せようと思っているのか、「そこまで上げなくても」と思うぐらい水着をひっぱり上げている人もいます。

「みんなと違うことをしなければ」という思い込みがあるのです。

違うことの中に、個性が出るのではありません。

みんなと同じことをして、初めてその人らしさが出ます。

ほかにはない、その人のオリジナリティーが浮かび上がってくるのです。

書初めでみんなが同じ字を書いても、1人1人の差が出ます。

みんなが違うことをしていると、差はわからないのです。


僕がダンスで目指しているのは、ベーシックなことしかしていないのに、ちゃんとした先生に習っていることがわかってもらえることです。

続かない人の多くは、派手なステップを教えてもらいたがります。

派手なステップは、ヘタさだけが目立って、うまさはひとつもわかりません。

それよりは、「ベーシック」という基本のステップを覚えるほうがいいのです。

シンプルな基本の技が、一番奥が深いのです。

何年それだけをしても、飽きません。

究極は、立っているだけで違いがわかります。

名優は、何もしなくても、舞台に出てきただけで、その空間を支配します。

カンフー映画を見ると、強い人は立っているだけで強いことがわかるのです。
弱いほうは、「ウリャー」と雄たけびを上げて、腕をグリグリまわしています。
雄たけびを上げているのは、たいてい負けるほう、弱いほう、悪いほうです。
シンプルなほど、個性はきわ立つものなのです。

疲れなくなる方法
35
同じことをして、差をつけよう。

36

頑張りやダンドリを、見せない。

僕はダンスのレッスンを受けながら、「あの人は何もしていない」というように見えるダンスを追い求めています。

「オレが踊っています」と主張するダンスは、素敵に見えません。

映像でも、「あのＣＧすごいよね」と言われたら、終わりです。

「ＣＧであることがわからなかった」と言われるのが、ベストです。

これが、シンプルということです。

プロの歌手は、きわめてシンプルに歌っています。

だからこそ、聞いている人の胸にズシンと来るのです。

カラオケで単にそれをマネしようとすると、「アーアー」と力んでしまいます。

シンプルは、一番レベルが高い極致です。

赤ちゃんのようなシンプルさではありません。

いろいろな体験をして、やがてシンプルにたどり着くので、レベルが高いのは当たり前です。

シンプルになるためには、目標とすべきところを決める必要があります。

「私、こんなに歌がうまいです」というゴテゴテのところではなく、みんながいい気持ちになって、歌を歌っていたことに誰も気づかなかったという状態を目指すことです。

そうすると、歌手の姿が消えて情景だけが残ります。

何かわからないけど、事が運んでいるという状況です。

究極の手品は、見た直後に「すごい」と感想が出るものではありません。

今たまたまそれが起こったように見えて、手品をしたことに気づかないからです。

仕事も、同じです。

シンプルな人は、頑張りやダンドリを見せません。

タクシーをとめる時も「うまい具合にタクシーがつかまりましたね」と偶然に見えます。

実は偶然ではなくダンドリしていたということが見えているうちは、シンプルではありません。

「こんなに私、頑張りました」ということが見えているうちも、シンプルではありません。

シンプルになるためには、勉強が必要です。

勉強して、練習をしないと、そこの境地には達しません。

何もしていないように見えるのが、名人の技なのです。

疲れなくなる方法

36

「何もしていない」を、目指そう。

37

個性は、シンプルにある。シンプルは、うまくいかない体験で磨かれる。

うまくいかない体験をすればするほど、よけいなことをしないほうがいいことがわかってきます。

『面接の達人』は、20年以上も読まれ続けています。
それまでの就活本は、２００の質問に２００の答えを用意していました。
メンタツでは、質問はたった２つです。
今まで何をしてきて、これから何をしたいかです。
今は、「今まで何をしてきたか」すら省略されています。
たった１つ、「これから何をしたいか」です。
２００の質問と２００の回答を暗記しても、コミュニケーションはできません。

コミュニケーションは、キャッチボールです。
たった1個のことがちゃんと言えれば、ＯＫです。

うまくいかない体験をすると、だんだんそぎ落とされていきます。

それでも諦めずに、挑戦し、乗り越えようと格闘する中で、ムダなものがはがれていくのです。

はがれ落ちて、中から現れたものが、個性です。

個性は、シンプルの中にあるのです。

机に座っているだけでは、そぎ落とせません。

これが、情報化社会の大変なところです。

情報化社会は机に座っているだけでバーチャルな体験量が増えるので、ひたすらゴテゴテになっていくのです。

疲れなくなる方法

37 うまくいかない体験を、しよう。

38

合格は、難問ではなく、基本問題で決まる。

中谷塾で、税理士試験を受けている塾生がいます。
彼は、あと1科目がなかなか通らないのです。
予備校に行くと、「今年はここが出る」といういろいろな情報が入ります。
それが、はずれたのです。
彼は、心が折れかかっています。
小学校ぐらいの狭い範囲なら、ヤマの数も少ないし、当たりやすいのです。
大人のテストはヤマがあまりにも多いので、当たる確率は小さくなります。
しかも、予備校の先生が予想したヤマは出題者にバレて、簡単に避けられます。
本来の勉強は、どこが出ても大丈夫なようにしておくことです。

そうしないと、いざ税理士になった時に困るのです。

お客様のところで仕事をする時に、「そこは試験に出なかったので、わかりません」とは言えません。

これで試験に通るのは、逆に怖いです。

ヤマを張って、はずれます。

来年、またヤマを張って、はずれます。

これでは、蓄積がききません。

それよりは、**基本を勉強して、蓄積したほうがいいのです。**


東大に通る灘・開成の子たちは、基本問題を徹底的に勉強しています。

試験に出る基本問題は、絶対に落としません。

合格できない子は、難問に手を出して基本問題を落とします。

基本問題を解いている時間がないのです。

この違いです。

シンプルとは、基本を徹底的にして落とさないようにすることなのです。

疲れなくなる方法

38

難問より、基本を練習しよう。

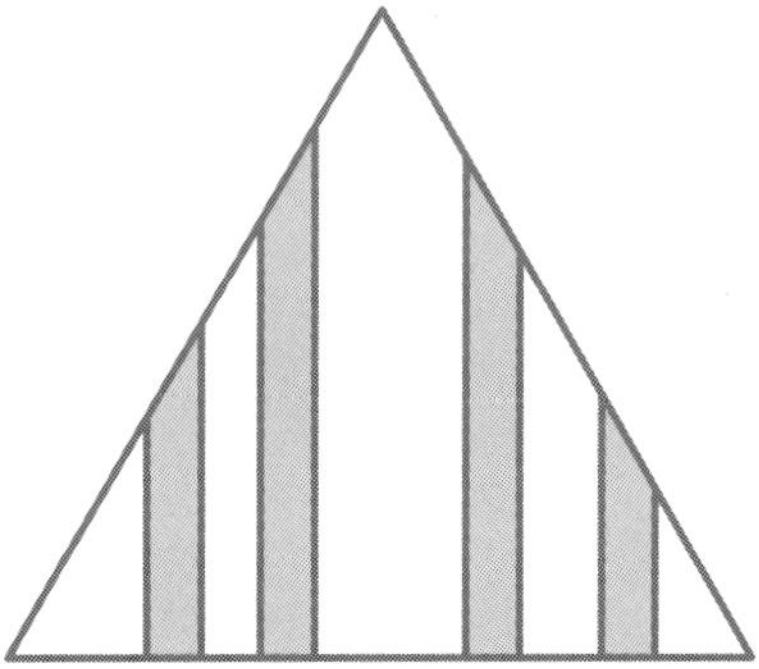

応用問題のヤマを張っても、当たらない。

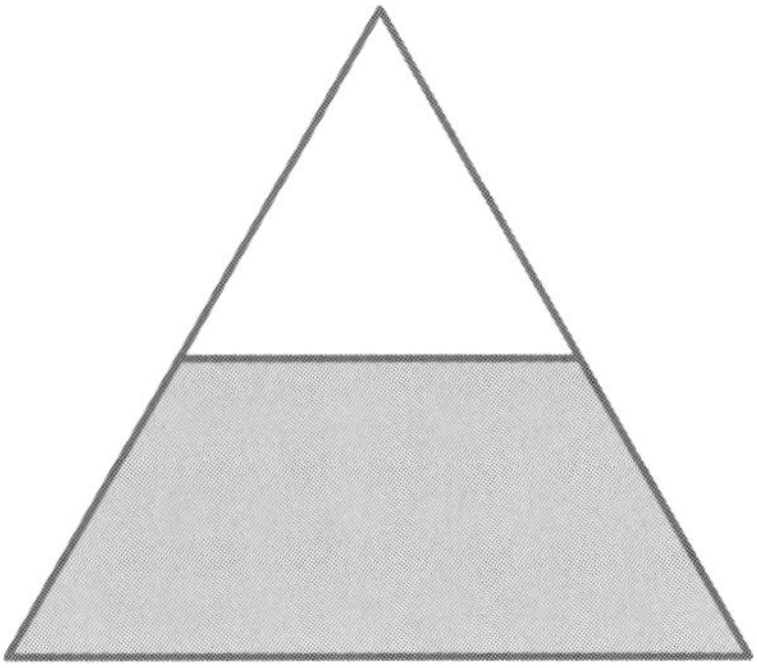

基本を勉強しておくことで、はずれない。

39

シンプルとは、1つのことを続けるのが苦にならない能力だ。

シンプルな人は、「あれもして、これもして」ということはしません。
ただ単純に、1つのことをし続けます。
それが、苦にならないのです。
ゴテゴテの人は、1つのことをすると、だんだん飽きてきます。

僕の書道のクラスに、自衛隊の人が来ました。
やっぱり、自衛隊の人はすごいのです。
2時間、ずっと同じ字ばかり書いていました。
何かハマったのです。

これが、能力です。

ゴテゴテの人は、「もう飽きました」とか「大体できました」と言って、お手本と違う字を勝手に書いています。

同じ字を書き続けている中で、何か見えてくるものがあります。

日本画でも、富士山なら富士山の絵をずっと描き続けている人は、奥が深くなります。

ネタを変えようとする人は、深まりがなくなるのです。

1つのことをし続けて、やり切ることで、まったく違う景色が見えてきます。

次の目標が自動的に見えてきて、成長するスピードも速いのです。

疲れなくなる方法
39
1つのことを、続けよう。

40

ピッツァの生地を、味わう。

テレビの番組で、ナポリにピッツァの取材をしに行ったことがあります。

3日間で、15枚食べました。

ピッツァとピザとは違います。

ピッツァは、生地が薄くて、小麦粉と水と塩だけでできています。

ピザは、イタリアからアメリカに渡って、アメリカ人が生地の上にいろいろなモノをのせたのです。

生地を食べるのがピッツァで、トッピングを食べるのがピザです。

ナポリで流行《はや》っているお店は、ほとんどがマルゲリータのみで、あってもマリナーラの2種類です。

ピザは、生地がお皿がわりです。

メインは、上にのせた具で、次から次へ、いろいろな種類のピザが出てきます。

ピッツァとピザは、似ているようですが、まったく違う食べ物なのです。

自分でピッツァ店を始めるならば、生地で勝負します。

本当においしいのは、端っこの「ヘタ」の部分です。

ヘタのおいしいピッツァが、おいしいピッツァです。

食べたことがないと、これはなかなかわかりません。

僕がピッツァの話をしているのに、相手の女性の頭の中は「ピザ」なのです。

「端っこの厚みのあるところがおいしいんだよね」と言うと、「あれは持つところ」と言われました。

実際、彼女は端を残すのです。


僕は、お好み焼屋さんの2階で育っています。

お好み焼で具を入れていいのは、1種類までです。

イカ玉ならイカ、豚玉なら豚です。

伊勢海老などの高級食材がのっていたり、ミックスで5種類ぐらい入っているものはお好み焼ではありません。

複数の食材を入れると、火が通るまでの時間がそれぞれ違います。

一番時間がかかる食材に合わせて焼くと、生地がかたくなるのです。

信用できるお好み焼屋さんは、具がシンプルです。

本来は、具がなくても大丈夫です。

たこ焼も、生地が勝負です。

たこがいらないぐらいなのです。


飲食店で、メニューが増えてきたら下り坂です。

究極は、メニューが限りなく1つに近づいていきます。

これで、その店がブランドになっていくのです。

壁中に「〇〇始めました」という張り紙のあるお店は、信用できません。

仕事でも、同じです。

名刺にいろいろな肩書がある人は、何かうさんくさいです。

ちゃんとしている人は、「書家」なら「書家」1つです。

名刺の肩書は、短ければ短いほど、その人の信頼度は上がります。

「こんなこともやってまして」と、名刺を何枚も出す人がいました。

なんの会社か、まったくわかりません。

「どういう関係のお仕事ですか」と聞くと、「裏を見てください」と言うのです。

見ると、裏にびっしり書いてあります。

まるで、会社を立ち上げる時に出す定款です。

定款には、するかわからなくても、とりあえず多めに書いておくのです。

結婚式のスピーチで、司会の人に肩書を全部読ませる人がいます。

それをすると、よけい貧乏くさく見えます。

外国では、肩書が2つあると、「1つでは食べていけない人」と判断されます。

シンプルな人は、短い肩書1つで勝負できるのです。

疲れなくなる方法 40

トッピングより、生地で勝負しよう。

41

夢ではなく、使命を持つ。

インタビューで、「中谷さんの最終的な夢はなんですか」とよく聞かれます。

僕がキョトンとしていると、「もう夢はかなったんですか」と言われます。

僕には、「夢」という発想がないのです。

たとえば、「モテモテになりたいとかはないですね」と言うと、「もうモテモテだからでしょう」と言われます。

僕は、モテることよりは、女性に潤いを与えて、「女に生まれてよかった」と思ってもらいたいのです。

これは、「モテモテになりたい」とは、根本的に違います。

夢は、自分のために「○○したい」ということです。

使命は、人のために「○○する」ということです。
会社を起こして、上場して、資産総額何千億を持ちたいというのは、夢です。
会社を起こして、世の中の人たちのために何かをするというのが、使命です。
ビル・ゲイツは今、アフリカをまわって使命を果たしています。

使命は、きわめてシンプルです。
夢は、ゴテゴテしています。
「自分が○○する」と言い切れれば、使命です。
「○○したいと思っている」と言うと、ゴテゴテします。
ある男性は、年中「モテモテになりたい」と言っています。
「○○したいと思っている」というのは、自分ができないことを認めています。
「だったらいいのにな」ということです。
英語の仮定法過去と同じで、実現できないということです。
使命は、迷いがありません。
「これをするために自分は生まれてきた」ということです。

それが、シンプルです。

夢は、ひたすら迷います。

「○○したいけど、ムリかな。でも、やりたい。でも、難しい」と、行ったり来たりするのです。

夢から使命に切りかえることで、シンプルになれるのです。

疲れなくなる方法

41

「○○したい」を「○○する」にしよう。

Chapter 6

迷ったら、元気の出るほうを選ぶ。

42

2択にならない問題はない。

何かを決める時に、選択肢が増えていくと決められなくなります。
人間は、選択肢が3つになると決められなくなるのです。
今、世の中が多様化して、選択肢はどんどん増えています。
実は、**問題を考える時に、あらゆることは2択に集約されます。**
トーナメントも、2択を繰り返しています。
常に、2チーム同士が戦っています。
だから、4000校も参加する高校野球がもめないでおさまるのです。
何かうまくいかないことがある時に、最初の2択は、諦めるか諦めないかです。

諦めなければ、1つ前に進みます。

次の2択は、今までのやり方を続けるか、新しいやり方にするかです。

今までのやり方では、やっぱりうまくいきません。

新しいやり方をするにも、AとBの2択になります。

これだけのことです。


シンプルな人は、常に2択です。

2択して、1つ1つクリアしていきます。

ゴテゴテの人は、物事をなかなか決められません。

頭の中で、わざわざ選択肢を増やしています。

「諦めるか諦めないか」「新しいやり方か前のやり方か」「AにするかBにするか」と、無限に枝分かれした選択肢を同時に考えてしまうのです。

疲れなくなる方法 42

2択にしよう。

43

軸とは、それがかなえば、ほかのすべてを犠牲にできることだ。

「あなたの軸はなんですか」

「○○です」

「じゃ、ほかのものはいらないんですね」

「ちょっと待ってください」

このやりとりは、おかしいのです。

「ちょっと待ってください」と言うものは、軸ではありません。

軸は、「一番欲しいもの」ではありません。

軸は、「それ以外のものがいらない」ということです。

たとえば、不動産屋さんに行ってマンションを探します。

「新築がいい」と言いながら、値段を提示されて「もっと安いところはないの」と言う人がいます。

それなら、最初から予算を言ったほうがいいのです。

「その予算なら、駅から遠くなります」

「駅から遠いのは、ちょっと」

「それを先に言ってくださいよ。駅からどれぐらいがいいですか」

「駅から5分」

「駅から5分だと、都心から2時間になります」

「それもちょっと」

この人は、軸が定まっていません。

不動産屋さんも、時間を奪われるだけです。

いい物件は、ほかのお客様にまわされます。

僕は、マンションを探す時に、「ほかの条件はもろもろいいですから、表参道で、予算は○○円です」と言い切りました。

表参道駅からなら、歩いて30分でも大丈夫です。

別の駅に着くぐらいでもいいのです。

そのほうが、不動産屋さんは紹介しやすいのです。


すべてのものに、メリットとデメリットとがあります。

軸が決まっていないと、メリットとデメリットを右往左往することになります。

メリットだけのものを探しても、永遠に見つかりません。

シンデレラにあこがれる人は、シンデレラが抱えている大変なデメリットが見えていないのです。

軸があると、メリット・デメリットの中で何を最優先するかがわかります。

たとえ、デメリットがあっても平気です。


「給料のいい仕事を紹介して」と言いながら、紹介された仕事に「休みが少ない」と文句を言う人は、仕事を紹介してもらえなくなります。

「休みは少なくても給料がいい」、または「給料は安くても休みが多い」のどちらか、軸をはっきりさせることです。

「シンプルである」ということは、「軸が決まっている」ということです。

軸が決まっているから、右往左往せずに生きられるのです。

疲れなくなる方法

43 ほかのすべてを捨てることができる軸を、持とう。

44

迷ったら、元気の出るほうを選ぶ。

僕は、マンションを探す時に、そのマンションは元気が出るかどうかで決めます。

「なんで表参道なんですか」と聞かれたら、「元気が出るから」と答えます。

表参道は、外国人モデルがオーディションの行き帰りで通る場所です。

ファストフード店に入っても、レベルがムチャクチャ高いのです。

ジムで隣で走っている外国人モデルを見て、頑張ろうという気持ちになります。

ここでやめようかなと思った時に、もうちょっと頑張ろう、もうちょっとスピードを上げようと思うのです。

疲れなくなる方法 44

元気が奪われることを、しない。

「それをして元気が出るかどうか」は、すべての行動の軸になります。

迷ったら、元気が出るほうを選びます。

仕事を引き受ける時も、それをして元気が出るなら引き受けます。

元気が奪われることは、しません。

人と会うかどうか決める時も、その人と会って元気が出るなら会うのです。

「それをして元気が出るかどうか」を軸にすると、どんな状況においても迷いなく生きられるのです。

45

シンプルとは、競争しないこと。

軸がブレていると、競争になります。
人と比べて、どちらが上ということではありません。
相手と軸が違うというだけです。

学校の書道の展覧会では、金銀銅の3段階の賞があります。
僕は、いつも銅でした。
金銀をとっているのは、のびのび書かせる習字塾に行っている子です。
僕の通っていた花尾先生の教室は、お手本どおりに書かせる教室でした。
審査員の軸は「のびのび」ですが、僕の軸は「お手本どおり」だったのです。

僕は、「のびのびなんて誰でも書ける。やっぱりお手本が大切だよ」と思っていました。

自分の中では、「カッコいい」という気持ちがあるのです。

勝っているかどうかは、競争の軸です。

カッコいいかどうかは、美学の軸です。

カッコよさは、他者との比較では決まりません。

カッコよさは、自分の中での納得なのです。

これが、文化の世界です。

文化には、競争はありません。

「自分のほうが上だ」と思っていればいいのです。

審査員に判断できる世界ではないのです。

宮本武蔵を描いたマンガ『バガボンド』の世界にも、審判はいません。

いちいち、審判に勝ち負けを仰ぐことではないのです。

勝敗は、戦っている当人同士だけがわかっています。

これが、競争のない世界です。

競争がないと、疲労もありません。

競争で一番大変なことは、疲労と消耗です。

シンプルに生きている人は、消耗しません。

競争は、とにかくエネルギーを消耗していくのです。

疲れなくなる方法 45

競争から、抜け出そう。

46

悩んでいる時間があったら、プロに聞く。

ゴテゴテの人は、プロに聞くことができないで悩んでいます。

習いごとでも、同じことが起きます。

「習おうか独学にしようか、迷っている」と言う人がいます。

独学といっても、行き当たりばったりのことをしているだけです。

行き当たりばったりを防ぐのが、プロに教えを請うということです。

今、一番多い悩みは介護の問題で、親の介護をプロの業者さんに頼めないということです。

それをすると、自分が親不孝者になったような罪悪感があるのです。

介護される親の側も、子どもに介護してもらうのは精神的にしんどいのです。プロにお金を払って介護してもらうほうがラクだし、上手に対応してもらえます。

プロのほうが気軽に頼めるし、ヘンな親子ゲンカもしなくてすみます。「親の介護をお金で解決しようとしている」という罪悪感を持つ必要は、まったくないのです。

優等生で、いい人ほど、これが起こります。「こんなことをしたら、みんなからなんて言われるだろう」と思うことが、プロに任せられない一番の原因です。「あの人は親を自分で介護しないで、業者さんに頼んでいる」と思われるのが怖いのです。

実際にプロに頼んでいる人でも、自責の気持ちがあると割り切れません。シンプルな人は、割り切れています。

プロに任せる罪悪感を、捨てることです。

ある高齢者が、「家族に迷惑をかけたくないから貯金しているんです。そのお金でデイケアを探して、高級な施設に入って悠々自適に暮らします」と言っていました。

このほうが、気持ちがいいです。

子どもには、子どもの生活があります。

親としては、迷惑をかけたくないし、お荷物と思われたくないのです。

シンプルに生きるというのは、人生観をどう固めるかということです。

どんな人でも、大学を選ぶ時に軸はいりません。

自分の成績に合ったところになるからです。

仕事を選ぶ時は、選択肢が広がります。

海外派遣協力隊まであるのです。

無限にあるようですが、結果、入れるところに入ります。

受験より少し範囲が広がっていますが、選択肢はまだ狭いのです。

そこそこの大人の年齢になると、親が病気になります。

親の治療方法に関しては、軸が必要です。

たとえば、親が肝硬変で、お酒をやめないと肝臓ガンで死んでしまうという時にどうするかです。

本人は、「お酒をやめたら死んだも同じ」「お酒を飲んで、明日死んでもいい」と言っています。

これは、明快な軸です。

本人より、家族の軸がブレるのです。

家族の軸は、「少しでも長生きしてもらいたい」ということです。

この時、「お酒を飲ませて死なせてあげてください」と言える家族は、腹が据わっています。

お医者さんには、「先生、すみません。治療しても治療しても飲んでますから、好きなようにさせてやってください」と謝ります。

本来、「オレが治療して治した」という満足感がお医者さんの幸せです。

それを「人生、さんざん楽しいことをしてきたから、お酒飲んで死にます」という患者さんに飲ませてあげるのは、患者さんの幸せ、クオリティー・オブ・ライフを考えてのことです。
そのために、少しでも長く飲めるように対症療法をします。
これも、お医者さんの軸です。
お医者さんは、キャリア10年ぐらいの30代の時に、この問題にぶつかります。
治したいのに、患者さんが言うことを聞いてくれないのです。
ここで初めて、「治したいと思うのは我欲だったんだな」と気づくのです。

疲れなくなる方法 46

プロに任せる罪悪感を、捨てよう。

47

主人公とは、我を捨てて、どんなキャラにもなれる人だ。

すべての人が軸を持つと、主人公になります。
主人公は、我を捨てる人です。
イメージ的には、逆です。
主人公は、我の塊のようなイメージがあります。
我を捨てて、どんなキャラにもなれるのが、主人公です。
わき役とかたき役は、キャラが決まっています。
主人公は、受け芝居です。

「軸を持つ」とは、好き勝手にすることではありません。

どんな状況になっても、合わせられることです。
それが、主体性です。
リーダーも、同じです。
たとえば、引越し屋さんが重い冷蔵庫を2人で運びます。
この時、「行くぞ。せーの」と声をかけるのがリーダーです。
リーダーは、自分のタイミングでは持ち上げていません。
「せーの」で相方に持ち上げさせて、その呼吸に合わせて持ち上げます。
そうすると、相方はラクに持ち上げられます。
「せーの」のタイミングは、人それぞれ違います。
「せーの」で上げる人と、「せーの、ポン」で上げる人とがいます。
極端な人は、「せ」で上げます。
シンプルな人は、どんな状況でも合わせられるのです。

疲れなくなる方法

47 状況に合わせられる主体性を、持とう。

Chapter 7

いらない言葉を、そぎ落とす。

48

接続詞が、思考をゴテゴテにする。

ゴテゴテの人は、前置きの接続詞が多いのです。

話の中で、「だから」「そうして」という順接の接続詞はそれほどいりません。

放っておくと、逆接の接続詞が一番多くなります。

たとえば、僕が2時間のセミナーで話しました。

シンプルな人は、「そうか、それは気づかなかった。さっそくしてみよう」と言います。

ゴテゴテの人は、「今日は大変勉強になる、目からウロコのお話ありがとうございました。とはいうものの……」と逆接の接続詞を使います。

それを聞くと、セミナーの2時間はなんだったんだろうと思います。

「とはいうものの」と言うと、自分の思考にブレーキをかけます。

接続詞は、ブレーキなのです。

僕の本は、ひたすら接続詞を削っています。

接続詞がなくても、難しくなく、読みやすいように書いています。

編集者によっては、接続詞を足してくる人がいます。

国語の勉強で、「接続詞を入れたほうが読みやすい」と習ったことを実践するまじめな編集者です。

接続詞を入れなければ読みにくいというのは、文章自体が悪いのです。

広告のコピーに、接続詞はありません。

詩にも、接続詞は使いません。

接続詞を入れると、読むスピードが落ちます。

数学の証明にも、逆接の接続詞は使いません。

揺るぎない証明で成り立っているので、「とはいうものの」という言葉は出てこないのです。
接続詞を削るのが、中谷文体です。
学校で接続詞を習ったからといって、僕の本に接続詞を足す必要はありません。

通常、言葉が思考を生み出します。
「とはいうものの」と言う人は、この言葉が口グセになっています。
この人に10年教えても、「とはいうものの」と言って何も始めません。
接続詞が、思考のゴテゴテを生み出しているのです。

疲れなくなる方法

48

接続詞を、使わない。

49

「絶対」が、行動をゴテゴテにする。

なんでも、とりあえず始めればいいのです。

「絶対」という言葉は、いりません。

究極、シンプルな人が目指すラインは、3割です。

「絶対」と言うタイプは完璧主義なので、目指すラインは100％です。

100％を目指すと、物事を始められません。

「絶対」「必ず」と言うと、自分の行動にブレーキをかけます。

シンプルというのは、スッと始まってスッと終われることです。

「絶対」や「必ず」は、太平洋戦争中に「一億玉砕」と言った大本営が好きな言葉です。

戦争は終わっているのに、まだ個人的に大本営の生き残りのような人は、「絶対」と言います。

これは、優等生の発言に多いです。

完璧を目指して、すぐに動かないのです。

シンプルな人は、「絶対」「必ず」とは言いません。

何事も、スッと始められます。

スッと始めることで、伸びるのです。

字を書くセンスも、人それぞれです。

書道家の武田双雲さんに、「センスのいい人と悪い人、伸びる人と伸びない人の境目はなんですか」と聞くと、「一目瞭然ですね」と言われました。

伸びるのは、「この字を書いてください」と言うと、スッと書く人です。

伸びないのは、スッと書かない人です。

「筆を持つのは久しぶりだな。小学校以来かな。何十年ぶりですよ。どんな感じで書けばいいいですか」とゴチャゴチャ言います。

ボイストレーニングを習いに来る人に、先生が「じゃ、これを読んでみてください」とお題を出しました。

「どんな感じで？」と聞かれたので、

「どんな感じでも、スッと読んでもらえばいいです」

「ビジネス向きとふだんの読み方が違うんですけど」

「じゃ、両方の読み方をしてみて」

と聞いてみると、どちらの読み方もたいして変わりませんでした。

読み方がどうあれ、聞くだけで、先生は相手の声についてすべてわかるのです。

疲れなくなる方法 49 「絶対」「必ず」と、言わない。

「絶対」「必ず」と言って力むタイプは、スッと始められません。

「絶対」「必ず」という言葉が、ブレーキとなって、始められないのです。

ゴテゴテの人は、摩擦が大きくて、すぐ動かない車輪と同じなのです。

50

「本当は」が、本当を言わなくする。

会話の中で、「本当は」という言葉を使うのはおかしいです。

今話していることが、本当ではないことになります。

僕は、「何か相談ある？」と聞いて、「こういうことで困っていて、これ、どうしたらいいでしょう」と言われると、「じゃ、こうしたらいいんじゃない？」と一生懸命答えます。

人の小さな悩みを解決するのが仕事なので、アドバイスしてあげようと思うからです。

中には、30分ぐらいしてから、「本当に聞きたかったのは」と言う人がいます。

それまでの30分はなんだったのかと、不思議に思います。

「本当に聞きたかったのは」で出てくる言葉は、本当ではありません。

そこから30分して、「本当はそういうことじゃないんです」と、また出てくるのです。

「本当は」という言葉を使う人は、どこまでいっても本当が出てきません。


「タテマエで言うとこうなんですけど」と言う人は、ズバッとホンネを言います。

「ホンネを言うと」と言う人は、危ないです。

「今だから言うけどさ」と言う人も、ヤバいです。

この人は、だいぶため込んでいます。

シンプルというのは、ためないということです。

最初から、ホンネを言います。

「今だから言うけどさ」と言う人には、「最初から言ってよ」と思います。

何か失敗すると、「今だから言うけどさ。危ないと思っていたんだよね」と言うのです。

選択肢は、その時に言うか、一生言わないかのどちらかです。

「今だから言うけどさ」は、あと出しでズルいです。

大阪のオバチャンは、クレームが即出ます。

これは、ため込まないのでシンプルです。

飛行機の中でも、「こんなんやったら会社つぶれるで」とすぐ言ってくれます。

ところが、東京のビジネスマンは大変です。

その時はまったく怒っていないふりをして、あとでクレームを会社のほうに届けます。

ゴテゴテの人は、ため込んで、その時にホンネを語らないのです。

「本当は」と言うと、結局、それも本当ではなくて、さらにあとから「本当は」と出てきそうな感じになります。

聞き手だけではなく、話している自分自身まで、弱気になっていくのです。

疲れなくなる方法

50 「本当は」で、弱くなる。

51

「AもBも」ではなく、「AかBか」にする。

たとえば、会議でゴテゴテになる人は、「AもいいしBもいいんだよね」と言います。

これは、Aを出している人とBを出している人に気を使っているのです。

「どちらもいいので、いいとこ取りで、AとBを合わせたようなアイデアでいきませんか」と言うと、結局予算でつぶれてしまいます。

それよりは、**AかBか、どちらか1つを選びます。**

「AかBか」どちらか1つを選んで言ったほうが、強い企画になります。

八方美人になったり、みんなに嫌われたくないと思っている人は、ゴテゴテになります。

そうなると、「あと、こういう意見も出たので、これも入れてくれる?」と、だんだんなんの企画かわからない、ぬえの状態になります。

ヒットする企画は、条件がそぎ落とされ、シンプルになったものです。

上にどんどんトッピングが増えていく企画は、なんだかわからなくなります。

ターゲットに関しても、同じです。

最初は「20代の女性」と言っていたのに、「これは男性にも」「ファミリーにも」「シニアにも」となっていくと、ターゲットはないに等しいです。

とんがりが丸くなっている状態です。

これが、失敗するパターンです。

「それも」と入れることで、弱くなります。

「それも」と入れないことが、大切なのです。

疲れなくなる方法 51

「それも」で、弱くなる。

52

失敗した時、「やってよかった」と言う。

ゴテゴテの人は、失敗している量が少ないのです。

失敗していけばいくほど、「あ、これはないな」ということがわかるので、ムダなことをしなくなります。

失敗のいいところは、「これはないな」と、自分の中で納得できることです。

恐竜の化石ハンターは、化石が出るかどうかわからないところで、ひたすら掘ります。

世界中に行って、「ここにあるんじゃないか」と場所の見当をつけます。

すでに出ているところはみんなが掘っているので、珍しい化石は出ません。

みんなが「絶対あそこはない」と言うところへ行って掘ると、大発見があります。

恐竜の化石ハンターは、化石がなかった時にまったく落ち込みません。

「ここにないことがわかった。ということは、調べる範囲が狭まった」と言います。

これが、シンプルな人です。

失敗した時に、「やってよかったね」「これ、ないとわかったね」と言えるのです。

正解だけでなく不正解をすることで、「これがないことがわかった」というつぶし方で、圧倒的に正解に近づきます。

ゴテゴテな人は、失敗すると「ほら、ムダなことをしたじゃん」と言います。

ムダなことはしたくないと思うからです。

ムダなことをたくさんすることによって、シンプルに近づくのです。

一見、ムダなことをするのはゴテゴテしているように感じます。

ゴテゴテしている人ほど、ムダなことはしたくない、効率よくしようとします。

練習は、ひたすらムダなことをして脳に覚えさせているのです。

脳は、失敗しないと正解を覚えません。

さんざん失敗することで、「これはないよ」という体験が増えるのです。

「ムダになるかもしれないけど、やってみよう」でいいのです。


お医者さんの仕事は、病気の可能性をしらみつぶしにつぶしていくことです。

検査は、「この病気ではない」ということを知るためのものです。

検査をした→検査代が高かった→病気ではないことがわかった→医者が儲《もう》けるためにしているんだと考えないことです。

「Aの病気でないことがわかったので、Bの病気を調べられる」というのがお医者さんの検査の仕方なのです。


「将来したいことを絞り切れない」と言う人は、可能性をつぶしていないのです。

「あれもしたいし、これもしたい」と思っているだけです。

実際にしてみると、意外につまらないということはあります。

食べる側のお客様としてケーキが好きなのと、パティシエとしてつくる側とでは、天地の開きがあります。

パティシエを目指さないのは、人間としてダメだということではありません。「パティシエになろうと思ったけど挫折した。今はケーキを食べる側にまわっています」でいいのです。

失敗というのは、「ケーキをつくるのはこんなに大変なんだ」と気づくことです。

その結果、食べる側にまわって、もっと丁寧に味わうことができます。

本を読む側と書く側も、天地の開きがあります。

本が好きだから本を書いてみた→書けなかったという時は、「本はすごいんだな」とわかればそれでいいのです。

疲れなくなる方法

52

「ムダだった」と、言わない。

53

言葉数を減らすのが、プロの技だ。

デザインで考えると、シンプルというのは究極の進化した形です。
デザインは複雑になると進化しているというのは、思い込みです。
画家が描いている時は、ひたすらそぎ落とす作業をしています。
習作はもっといろいろなものを描いていますが、どんどんそぎ落としていくのです。
僕が鉛筆画を描く時でも、後半にずっと持っているのは消しゴムだけです。
「この線いらない、この線いらない」と消していく作業をします。

シンプルなデザインが、一番強いのです。

ナイキの商品は、最初は「ＮＩＫＥ」という文字が入っていました。

その文字が消えて、ただの翼型のデザインになりました。

これでみんなが認知できるというのが、一番シンプルな形です。


あらゆるものは、洗練されればされるほどシンプルな形になります。

シンプルからゴテゴテにするのではなく、ゴテゴテからシンプルに変わるのです。


究極のシンプルは、俳句や広告のコピーです。

１００万ページを使うよりは、ひと言ズバッと言われるほうがズシンと来て、「何か腹に落ちました」となります。

言葉数を減らしていくのは、大変です。

これが、プロの技になるのです。

１００万ページかかるものを、いかに1行で言うかというところに、プロは賭けます。

「その言葉がきっとあるはず」と突き詰めます。

どんどん言葉をそぎ落としていくのが、シンプルな形です。

シンプルなものは、シロウトが見ると「あんなの誰でも書けるよ」と言われます。

究極、それが一番難しいのです。

疲れなくなる方法

53

そぎ落とそう。

Chapter 8

さっとやって、諦めて、忘れよう。

54

プランBにすることに、気合なんていらない。

シンプルな人は、プランBに切りかえることができます。

ゴテゴテの人は、切りかえることができません。

プランAがうまくいかなかった時に、「プランBにしよう」というのは難しいことではありません。

お昼ごはんを食べに行きました。

満員で、お店に入れませんでした。

「じゃ、どこにしようか。あそこにする?」というのがプランBへの切りかえです。

プランBにすることに、根性や気合、一生懸命、雄たけびはいらないのです。

たとえば、部屋が暑い時に、クーラーをつける、窓をあける、服を脱ぐというのは、全部プランBです。

「部屋が暑い。なんで暑いのかな」と考える人はいません。

「地球温暖化なんだよ」「自分の体の具合が悪いんじゃないか」と考える必要もありません。

単に、「部屋が暑いから、クーラーの設定温度を下げよう」「窓をあけても涼しくならなければ、別の方法を考えよう」というだけのことです。

切りかえるのに根性を持ち込もうとするのは、ゴテゴテの人です。

シンプルというのは、そこになんの摩擦も発生させずに「じゃ、こうしよう」とスッと変えられることなのです。

北原照久さんが、「山の中のおもちゃ屋さんにいい掘り出し物がある」と聞いて行ってみると、掘り出し物はありませんでした。

その時は、「次」と言うだけです。

「こんなところまで来たのに、なんで?」「事前にもっと聞いておけば、来るムダが省けた」と言うことはいっさいありません。
シンプルな人は、簡単にプランBへの切りかえができるのです。

疲れなくなる方法
54
切りかえよう。

55

ダメモトとは、さっとやって、諦めて、忘れること。

「ダメモトでしてみたんですよ。そうしたら、やっぱりうまくいかなくて、なんでダメだったんでしょうね」と言うのはヘンです。

うまくいかなかったらスッパリ諦めて、忘れるのが、ダメモトです。

いつまでもグジグジ言うのは、ダメモトではありません。

こういう人は、「ダメモト」の定義が間違っているのです。

たとえば、「ダメモトで告白してみたんだけど、断られて。いったいどうすればよかったんでしょう」「もう諦めた。諦めたんだけども……」とグジグジ言う人がいました。

しばらくすると、その人が「この間フラれたのは諦めましたよ」と言いました。

諦めるというのは、忘れることです。

「諦めた。諦めた」と言い続けている人は、諦めていません。

諦めたというのは、諦めたこと自体を忘れている状態です。

それを「ダメモト」と言うのです。

ゴテゴテの人は、「ダメモトでしてみたんですけど、もっと別の方法があったのかな」とグジグジ言い続けます。

それを引きずっていると、「大体あの女もあの女だよね」と逆恨みになります。


シンプルな人は、うまくいかなければ、さっと諦めて忘れます。

忘れる能力が、高いのです。

記憶力は、いっさいいりません。

そのほうが、頭を早く切りかえられるのです。

疲れなくなる方法

55

諦めたことを、忘れよう。

56

脳は、1分以上、怒り続けることはできない。

どんなに怒りっぽい人でも、1分以上怒ることはできません。
イラッとしたら、間をあけることです。
僕は、イラッとすると寝ます。
目がさめた時には、気分が変わっているのです。
ムッとしたら、寝ることです。

よくクレームで、怒り続ける人がいます。
最初は、「頼んだ商品が入っていなかった」「チーズバーガーを頼んだのにハンバーガーだった」というくらいの問題です。

これで、1時間は怒れません。

ところが、お客様が「すみません、頼んだモノが入っていなかったんですけど」と言うと、「少々お待ちください」と店員が言いました。

奥にいた店長が、「クレームのお客様」と言って出てきました。

そのお客様は、「ちょっと待て。今みんな見たじゃないか。なに恥をかかせているんだ。その呼び方はないだろう。『クレームのお客様』って」と怒りました。

この怒りの内容は、商品に対するものではありません。

1時間以上怒るというのは、常に違うところへ怒りが移っているのです。

火事で言うと、類焼している現象です。

本来、脳は1分以上怒れません。

赤ちゃんが10分以上泣かないのと同じです。

そう考えると、相手が怒っていても平気だし、自分の怒りもおさめることができます。

怒っている間に何かすると、必ず間違いが起こったり、よけいなことをします。

シンプルに考えるというのは、「これって続かないよね」と考えることです。

たとえば、海外から飛行機のビジネスクラスの機内で赤ちゃんがワンワン泣き続けました。

「せっかくビジネスクラスをとって寝ようと思っていたのに、これから十何時間、この泣き声とともに過ごさないといけないのか」と考えるのは間違っています。

泣くことは、赤ちゃんにとっては全力疾走と同じです。

10時間も全力疾走するのは、ムリです。

さんざん泣いたら、疲れて寝ます。

赤ちゃんは、寝ている時間が長いのです。

今泣いておいてもらえば、残りの時間はよく寝てくれます。

ゴテゴテの人は、1つのよくない現象があると、それを全体化して、永遠に続くと解釈します。

すべてのものは、永遠には続きません。

今この瞬間のみであるという、「今」に集中すればいいのです。

今の問題を、未来や過去と絡めて考える必要はありません。

飛行機の中で赤ちゃんが泣いた時、「前もそうだったんだよね。自分は乗る飛行機、乗る飛行機で赤ちゃんがつきまとっているような気がする。なんかの呪いじゃないか」と思う人がいます。

そういう人は、過去のいきさつも全部思い出して、それも込みで「コラッ、なんとかしろ。おまえのところの飛行機は、乗るたびに赤ちゃんが泣いている」と客室乗務員に言います。

今の問題を「いつも」と考えてしまうからです。

今の問題は、今だけ考えます。

未来のことも、過去のことも、今目の前の問題からいっさい切り離して考えればいいのです。

疲れなくなる方法

56 ムッとしたら、寝よう。

57

「今日は、おしまい」の儀式を持つ。

一番よくないのは、今日のクヨクヨを明日に持ち越すことです。

悩みごとを寝る前に考えて、寝ている間に脳が考え続けると、十分な睡眠が得られません。

昔は、睡眠の長さが大切と言われていました。

今の睡眠科学は、寝入りから3時間の睡眠をいかに深くするかが大切と言われています。

量より、質の問題です。

ところが、寝る前に「あれ、困ったな」「明日謝りに行かなくちゃいけないんだよな」ということをクヨクヨ考えていると、その睡眠が浅くなるのです。

疲れなくなる方法

57

クヨクヨを明日に、持ち越さない。

今日のクヨクヨは今日で終わらせて、明日に持ち越さないことです。

謝ることがあるなら、今日のうちに謝る電話をします。

「今日かけるのもめんどくさいから、明日にしよう」と持ち越すことで、よけいクヨクヨが増幅して脳が疲労する→前向きなアイデアが浮かばなくなるという悪循環に入ってしまうのです。

「今日は、おしまい」の儀式を持つことです。

寝る前の最後の言葉を、決めておきます。

「今日もいろいろあって、面白かった。ありがとうございます。おやすみ」が、1日をしめる儀式になります。

58

手を洗うと、迷いが流れる。

迷いは、心の汚れです。
迷いは、手を洗うととれます。
手が汚れたら洗うのと、同じです。
迷った時は、石けんをつけて手を洗うというのが1つの解決策です。
手を冷やすと、血液の温度が下がります。
頭の中でクヨクヨしていると、血液の温度が上がります。
それによって、脳がうまく働かなくなります。
最近はアスリートも、走る前に手を冷やしています。

そうすると、脳がシャキッとするからです。

特に長距離の競歩の選手は、走る前に手を冷やしています。

血流の温度を低くして、頭の中をクリアにするためです。

運動量が増えると、血流の温度がどんどん上がるので、頭の中がだんだんクリアでなくなります。

シンプルな人は、頭の中がクリアです。

健康で、脳の中で前向きなアイデアが出るというのが、シンプルな状態なのです。

疲れなくなる方法
58
手を、洗おう。

59

少しでも気持ちの悪いことは、やめる。

1人で仕事を始めようとした人から、「税理士さんや弁護士さん、面倒みてあげるよという人からいろいろ誘われているんですけど、どうしたらいいでしょうか」と聞かれました。

こういう時は、**1ミリでもノリ気でないことはやめておくことです。**

「たしかに税理士さんは必要だけど、この税理士さんはちょっと」と思う人からの誘いは断っていいのです。

判断基準は、自分がノリ気かどうかです。

「ノリ気でないことはしない」というのが、一番シンプルです。

「やっぱりやめておけばよかった」という事態になると、自分の自己肯定感を下げます。

直感は、正しいのです。

それは、好き嫌いだからです。

どんなに調べてわからなくても、直感的に「なんかな」と思うことがあります。

これは、人だけでなく、モノでも、コトでも同じです。

少しでも気持ちが悪いことは、やめておきます。

買い物をする時でも、体験をする時でも、「なんかちょっとノリ気じゃない」と思う時は、それ以上しないことです。

ガマンをすると、ゴテゴテになります。

しなければならないことでガマンがある時は、ガマンしないでそれをする方法を工夫してつくればいいのです。

疲れなくなる方法 59

ノリ気でないことを、しない。

60

眠くなったら、寝る。

眠くなった時は、頑張って起きている必要はありません。

眠くなったら、寝たほうがいいのです。

頑張ると、眠気の峠を越えて起きていられるようになります。

それは、体には大きな負担になり、脳にはムリがかかっています。

頑張っている自分に、酔わないことです。

眠くなったということは、「寝たほうがいいですよ」という体のサインです。

シンプルということは、体の言うことを聞くことであり、自分の体を信じることです。

頑張るというのは、「ダメじゃないか」と自分の体に対してむちを打っている状態です。

脳は、高性能です。

脳が「眠い」と言っている時は、寝かせてあげたほうがいいのです。

それで、寝すぎることはありません。

必要な量を寝ると、自然と目がさめます。

検査よりも、お医者さんよりも、直感的に自分の体を信じていいのです。

疲れなくなる方法

60

原始人の生活に、戻ろう。

61

頭は、ゴテゴテ。体は、シンプル。

頭で考えたことは、ゴテゴテになります。
体で反応したことは、シンプルになります。

究極は、頭ではなく、体で何かをしようとすることです。
たとえば、「本を書きたいんです」と言う人は、本を書けばいいのです。
体で書いていくと、自動的に作品はでき上がります。
いつまでも頭で考えているだけでは、何も生まれません。

仕事でも、頭ではなく、体で反応してすることが大切です。

頭で考えると、あれもこれもとなります。

体は、必ず優先順位をつくり、バランスを組み立てます。

体で反応していることは、結果としてうまくいきます。

あとから見て、「なんでそうしたんだろうね」「たまたま」となるのは、頭で考えていないからです。

よく、「頭の中が真っ白になった」という言い方をします。

これは、脳の機能によるものです。

「おまえ、よけいなこと考えるな」という脳からのサインです。

よけいなことを考えない状態だから、体が反応するのです。


脳が一番回転する瞬間は、こける時です。

こける時は、あらゆる状況が見えます。

交通事故にあった人は、その時の状況を細かく語ります。

自分が危機になった時は、頭がよくまわるのです。

頭で、考えているわけではありません。

完全に、体のほうに委ねています。

人間は、原始時代の生活をしていた時の体のままです。

その体を、信じてあげればいいのです。

頭が発達したのは、最近のことです。

動物は、みんな体で動いています。

そうして、生き延びてきたのです。

自然界で起こっていることは、全部シンプルに成り立っています。

人間のこざかしい頭で考えることが、物事を複雑にしているだけです。

シンプルと複雑がぶつかると、シンプルが勝ちます。


スポーツの試合でも、いろいろ考えた人より、スッとできた人が勝ちます。

ＰＫ戦で負けるのは、考えすぎた選手です。

勝つ人は、シンプルに考えています。

気がついたら、体が反応していたという状態です。

人間が頭脳を獲得したことは、ある意味ゴテゴテ考えるようになってきたという退化でもあります。

本来、何も考えずにスッとできることが一番シンプルです。
ふだんから体験や失敗をたくさんすることによって、スッと始めることが一番正しい結果になるとわかるのです。

疲れなくなる方法

61

頭ではなく、体で動こう。

62

孤独なのではない。自分とのデートだ。

「自分の価値観を持つと孤立するんですよ」と心配する人がいます。

価値観を持つということは、ほかの人の価値観と合わなくなる可能性があります。

その人が軸を持てば持つほど、孤立します。

それを、「孤独でさみしい」と言うのです。

「1人でいること」イコール「孤独」ではありません。

1人でいる時は、自分とデートしているのです。

モテるタイプは、1人でいることができる人です。

「誰かといないとさみしい」と言う人は、モテません。

孤独を楽しめるということは、自分とのデートを楽しめるのです。

自分が好きなことは、いつも誰かとできるとは限りません。

ラジオは、1人で聞くほうが楽しいです。

誰かと聞くと、印象が違うのです。

僕は東京に出てきて、最初に「オールナイトニッポン」のビートたけしさんのラジオで東京弁を覚えました。

萩本欽一さんのラジオは、大阪でも聞けたのです。

東京に来てから、たけしさんのラジオを知り、発想が面白いと思ってずっと聞いていました。

「これ、すごく面白いから一緒に聞こう」と友達を誘って一緒に聞いてみると、「あれ、いつももっと面白いんだけどな」と残念に思いました。

自分の好きなことの中には、1人でしかできないことがあるのです。

疲れなくなる方法

62

自分とのデートを、楽しもう。

1人でラジオを聞くことは、実は自分とデートしているのです。

自分とのデートの中に、シンプルの軸があるのです。

たとえば、1人で映画を見に行きます。

30分見て、盛り上がらなかったら、出ます。

面白くなくても、30分だけはつき合います。

1人で見に行ったら、これができます。

ところが、2人で見に行ったら、自分は面白くなくても、相手が面白いこともあります。

自分は面白くても、相手が面白くないこともあります。

行動が、シンプルでなくなるのです。

自分とのデートの時は、気を使わなくてすむのです。

Epilogue

63

できることから、する。

シンプルな人になるためには、できることからするのが一番いいです。

「まず服装から変えよう」と思う人は服装から、「ちょっと部屋を片づけよう」と思う人は片づけから、「文章が長いのを短くしよう」と思う人は、文章を短くするところから始めます。

自分の取っかかれるところから、始めればいいのです。

僕は、シンプルになるためのいろいろな方法を教える中で、**よけいなことをしないように導いています。**

ゴルフのレッスンでも、コーチャーはその人が持っているヘンなクセを取り除きます。

ボイストレーニングも、その人が声を出す時にヘンにかかっている力を抜く作業をしているのです。

「どこに力を入れればいいか」ではなく、「どこの力を抜いていくか」に目を向けることです。

仕事でも、すでに十分頑張っているのにうまくいかない人がいます。

それは、ヘンなところに力が入っているからです。

いらない力をどんどん抜いていくことで、シンプルになれるのです。

疲れなくなる方法 63

入っている力を、抜こう。

『ファーストクラスに乗る人の仕事』
『ファーストクラスに乗る人の教育』
『ファーストクラスに乗る人の勉強』
『ファーストクラスに乗る人のお金』
『ファーストクラスに乗る人のノート』
『ギリギリセーーフ』

【ぱる出版】
『運のある人、運のない人』
『器の大きい人、小さい人』
『品のある人、品のない人』

『なぜいい女は「大人の男」とつきあうのか。』
(秀和システム)
『「学び」を「お金」にかえる勉強』(水王舎)
『一流のお金の生み出し方』(リベラル社)
『「お金持ち」の時間術』
(二見書房・二見レインボー文庫)
『一流の思考の作り方』(リベラル社)
『服を変えると、人生が変わる。』(秀和システム)
『なぜあの人は40代からモテるのか』
(主婦の友社)
『一流の時間の使い方』(リベラル社)
『輝く女性に贈る 中谷彰宏の運がよくなる言葉』
(主婦の友社)
『名前を聞く前に、キスをしよう。』
(ミライカナイブックス)
『ほめた自分がハッピーになる「止まらなくなる、ほめ力」』(パブラボ)
『なぜかモテる人がしている42のこと』
(イースト・プレス 文庫ぎんが堂)
『一流の人が言わない50のこと』
(日本実業出版社)
『輝く女性に贈る 中谷彰宏の魔法の言葉』
(主婦の友社)
『「ひと言」力。』(パブラボ)
『一流の男 一流の風格』(日本実業出版社)
『変える力。』(世界文化社)
『なぜあの人は感情の整理がうまいのか』
(中経出版)
『人は誰でも講師になれる』
(日本経済新聞出版社)
『会社で自由に生きる法』
(日本経済新聞出版社)
『全力で、1ミリ進もう。』(文芸社文庫)
『だからあの人のメンタルは強い。』
(世界文化社)
『「気がきくね」と言われる人のシンプルな法則』
(総合法令出版)
『だからあの人に運が味方する。』(世界文化社)
『だからあの人に運が味方する。(講義DVD付き)』
(世界文化社)
『なぜあの人は強いのか』(講談社+α文庫)
『贅沢なキスをしよう。』(文芸社文庫)
『3分で幸せになる「小さな魔法」』(マキノ出版)
『大人になってからもう一度受けたい コミュニケーションの授業』
(アクセス・パブリッシング)
『運とチャンスは「アウェイ」にある』
(ファーストプレス)
『「出る杭」な君の活かしかた』(明日香出版社)
『大人の教科書』(きこ書房)
『モテるオヤジの作法2』(ぜんにち出版)
『かわいげのある女』(ぜんにち出版)
『壁に当たるのは気モチイイ 人生もエッチも』
(サンクチュアリ出版)
『ハートフルセックス』【新書】
(KKロングセラーズ)
書画集『会う人みんな神さま』(DHC)
ポストカード『会う人みんな神さま』(DHC)

面接の達人(ダイヤモンド社)

『面接の達人 バイブル版』
『面接の達人 面接・エントリーシート問題集』

中谷彰宏　主な作品一覧

『面白くなければカッコよくない』
『たった一言で生まれ変わる』
『健康になる家　病気になる家』
『スピード自己実現』
『スピード開運術』
『20代自分らしく生きる45の方法』
『受験の達人2000』
『お金は使えば使うほど増える』
『大人になる前にしなければならない50のこと』
『会社で教えてくれない50のこと』
『学校で教えてくれない50のこと』
『大学時代しなければならない50のこと』
『昨日までの自分に別れを告げる』
『あなたに起こることはすべて正しい』

【PHP研究所】
『なぜあの人は余裕があるのか。』
『中学時代にガンバれる40の言葉』
『叱られる勇気』
『40歳を過ぎたら「これ」を捨てよう。』
『中学時代がハッピーになる30のこと』
『頑張ってもうまくいかなかった夜に読む本』
『14歳からの人生哲学』
『受験生すぐにできる50のこと』
『高校受験すぐにできる40のこと』
『ほんのささいなことに、恋の幸せがある。』
『高校時代にしておく50のこと』
『中学時代にしておく50のこと』

【PHP文庫】
『もう一度会いたくなる人の話し方』
『お金持ちは、お札の向きがそろっている。』
『たった３分で愛される人になる』
『自分で考える人が成功する』
『大人の友達を作ろう。』
『大学時代しなければならない50のこと』

【大和書房】
『結果がついてくる人の法則58』

【だいわ文庫】
『27歳からのいい女養成講座』
『なぜか「HAPPY」な女性の習慣』
『なぜか「美人」に見える女性の習慣』
『いい女の教科書』
『いい女恋愛塾』
『やさしいだけの男と、別れよう。』
『「女を楽しませる」ことが男の最高の仕事。』
『いい女練習帳』
『男は女で修行する。』

【学研プラス】
『美人力』
『魅惑力』
『冒険力』
『変身力』
『セクシーなお金術』
『セクシーな会話術』
『セクシーな仕事術』
『口説きません、魔法をかけるだけ。』
『強引に、優しく。』

【阪急コミュニケーションズ】
『いい男をつかまえる恋愛会話力』
『サクセス&ハッピーになる50の方法』

【あさ出版】
『「いつまでもクヨクヨしたくない」とき読む本』
『「イライラしてるな」と思ったとき読む本』
『「つらいな」と思ったとき読む本』

【きずな出版】
『いい女は「変身させてくれる男」とつきあう。』
『ファーストクラスに乗る人の人脈』
『ファーストクラスに乗る人のお金２』

『「超一流」の勉強法』
『「超一流」の仕事術』

【PHP研究所】
『【図解】お金も幸せも手に入れる本』
『もう一度会いたくなる人の聞く力』
『もう一度会いたくなる人の話し方』
『【図解】仕事ができる人の時間の使い方』
『仕事の極め方』
『【図解】「できる人」のスピード整理術』
『【図解】「できる人」の時間活用ノート』

【PHP文庫】
『中谷彰宏　仕事を熱くする言葉』
『入社３年目までに勝負がつく77の法則』

【オータパブリケイションズ】
『せつないサービスを、胸きゅんサービスに変える』
『ホテルのとんがりマーケティング』
『レストラン王になろう２』
『改革王になろう』
『サービス王になろう２』
『サービス刑事』

【あさ出版】
『気まずくならない雑談力』
『人を動かす伝え方』
『なぜあの人は会話がつづくのか』

【学研プラス】
『見た目を磨く人は、うまくいく。』
『決断できる人は、うまくいく。』
『会話力のある人は、うまくいく。』
『片づけられる人は、うまくいく。』
『怒らない人は、うまくいく。』
『ブレない人は、うまくいく。』
『かわいがられる人は、うまくいく。』
『すぐやる人は、うまくいく。』

『一流の仕事の習慣』（ベストセラーズ）
『仕事は、最高に楽しい。』（第三文明社）
『「反射力」早く失敗してうまくいく人の習慣』
（日本経済新聞出版社）
『伝説のホストに学ぶ82の成功法則』
（総合法令出版）
『富裕層ビジネス　成功の秘訣』
（ぜんにち出版）
『リーダーの条件』（ぜんにち出版）
『成功する人の一見、運に見える小さな工夫』
（ゴマブックス）
『転職先はわたしの会社』（サンクチュアリ出版）
『あと「ひとこと」の英会話』（DHC）

恋愛論・人生論

【ダイヤモンド社】
『なぜあの人は逆境に強いのか』
『25歳までにしなければならない59のこと』
『大人のマナー』
『あなたが「あなた」を超えるとき』
『中谷彰宏金言集』
『「キレない力」を作る50の方法』
『お金は、後からついてくる。』
『中谷彰宏名言集』
『30代で出会わなければならない50人』
『20代で出会わなければならない50人』
『あせらず、止まらず、退かず。』
『明日がワクワクする50の方法』
『なぜあの人は10歳若く見えるのか』
『成功体質になる50の方法』
『運のいい人に好かれる50の方法』
『本番力を高める57の方法』
『運が開ける勉強法』
『ラスト３分に強くなる50の方法』
『答えは、自分の中にある。』
『思い出した夢は、実現する。』
『習い事で生まれ変わる42の方法』

中谷彰宏　主な作品一覧

ビジネス

［ダイヤモンド社］

『50代でしなければならない55のこと』
『なぜあの人の話は楽しいのか』
『なぜあの人はすぐやるのか』
『なぜあの人の話に納得してしまうのか［新版］』
『なぜあの人は勉強が続くのか』
『なぜあの人は仕事ができるのか』
『なぜあの人は整理がうまいのか』
『なぜあの人はいつもやる気があるのか』
『なぜあのリーダーに人はついていくのか』
『なぜあの人は人前で話すのがうまいのか』
『プラス１％の企画力』
『こんな上司に叱られたい。』
『フォローの達人』
『女性に尊敬されるリーダーが、成功する。』
『就活時代しなければならない50のこと』
『お客様を育てるサービス』
『あの人の下なら、「やる気」が出る。』
『なくてはならない人になる』
『人のために何ができるか』
『キャパのある人が、成功する。』
『時間をプレゼントする人が、成功する。』
『ターニングポイントに立つ君に』
『空気を読める人が、成功する。』
『整理力を高める50の方法』
『迷いを断ち切る50の方法』
『初対面で好かれる60の話し方』
『運が開ける接客術』
『バランス力のある人が、成功する。』
『逆転力を高める50の方法』
『最初の3年 その他大勢から抜け出す50の方法』
『ドタン場に強くなる50の方法』
『アイデアが止まらなくなる50の方法』
『メンタル力で逆転する50の方法』
『自分力を高めるヒント』
『なぜあの人はストレスに強いのか』
『スピード問題解決』
『スピード危機管理』
『一流の勉強術』
『スピード意識改革』
『お客様のファンになろう』
『大人のスピード時間術』
『なぜあの人は問題解決がうまいのか』
『しびれる仕事をしよう』
『しびれるサービス』
『大人のスピード説得術』
『お客様に学ぶサービス勉強法』
『大人のスピード仕事術』
『スピード人脈術』
『スピードサービス』
『スピード成功の方程式』
『スピードリーダーシップ』
『大人のスピード勉強法』
『一日に24時間もあるじゃないか』
『出会いにひとつのムダもない』
『お客様がお客様を連れて来る』
『お客様にしなければならない50のこと』
『30代でしなければならない50のこと』
『20代でしなければならない50のこと』
『なぜあの人の話に納得してしまうのか』
『なぜあの人は気がきくのか』
『なぜあの人はお客さんに好かれるのか』
『なぜあの人は時間を創り出せるのか』
『なぜあの人は運が強いのか』
『なぜあの人にまた会いたくなるのか』
『なぜあの人はプレッシャーに強いのか』

【ファーストプレス】

『「超一流」の会話術』
『「超一流」の分析力』
『「超一流」の構想術』
『「超一流」の整理術』
『「超一流」の時間術』
『「超一流」の行動術』

「本の感想など、どんなことでも、
あなたからのお手紙をお待ちしています。
僕は、本気で読みます。」

中谷彰宏

〒141-8415　東京都品川区西五反田2-11-8-17F
学研プラス　趣味・カルチャー事業室気付　中谷彰宏行
※食品、現金、切手などの同封は、ご遠慮ください。（編集部）

視聴障害その他の理由で、活字のままでこの本を利用できない人のために、営利を目的とする場合を除き、「録音図書」「点字図書」「拡大写本」等の製作をすることを認めます。その際は、著作権者、または出版社までご連絡ください。

中谷彰宏は、盲導犬育成事業に賛同し、この本の印税の一部を（財）日本盲導犬協会に寄付しています。

[著者紹介]

中谷彰宏（なかたに・あきひろ）

1959年、大阪府生まれ。早稲田大学第一文学部演劇科卒業。84年、博報堂に入社。CMプランナーとして、テレビ、ラジオCMの企画、演出をする。91年、独立し、株式会社中谷彰宏事務所を設立。ビジネス書から恋愛エッセイ、小説まで、多岐にわたるジャンルで、数多くのロングセラー、ベストセラーを送り出す。「中谷塾」を主宰し、全国で講演・ワークショップ活動を行っている。中谷彰宏公式サイト http://www.an-web.com/

シンプルな人は、うまくいく。

2015年12月22日　第1刷発行
2016年2月8日　第2刷発行

著者　中谷彰宏
発行人　鈴木昌子
編集人　吉岡勇
企画編集　森田葉子
発行所　株式会社 学研プラス
〒141-8415　東京都品川区西五反田2-11-8
印刷所・製本所　中央精版印刷 株式会社

この本に関する各種のお問い合わせ
［電話の場合］•編集内容については　TEL 03-6431-1473（編集部直通）
•在庫・不良品（落丁・乱丁）については　TEL 03-6431-1201（販売部直通）
［文書の場合］〒141-8418　東京都品川区西五反田2-11-8
学研お客様センター『シンプルな人は、うまくいく。』係
この本以外の学研商品に関するお問い合わせは　TEL 03-6431-1002（学研お客様センター）